Bierbrauen leicht gemacht

Oliver Dietrich

Bierbrauen
leicht gemacht

Das Handbuch für den
Hobby-Brauer
Mit Rezepten und Tips für
unterschiedlichste Brausorten

Seehamer Verlag

Danksagung
*An dieser Stelle ein herzlicher Dank an alle, die zur Entstehung
dieses Buches beigetragen haben. Besonders erwähnen möchte ich
den Bayerischen Brauerbund e.V. in München und das Servicebüro
„die Bayerischen Biere" in Eching. Die von diesen beiden Institutionen
zur Verfügung gestellten Informationen haben entscheidend
zum Gelingen beigetragen.
Ein ganz besonderer Dank gebührt der Firma Brau-Partner
in Heilbronn. Die vom Inhaber Klaus Kling mit viel Liebe und
Zeitaufwand gestalteten Fotos helfen den Nachwuchsbraumeistern
sicherlich bei der Planung ihres eigenen Sudhauses und den
ersten Gehversuchen als richtige Brauer.*

© 1999 Seehamer Verlag GmbH, Weyarn
und Medienagentur Gerald Drews, Augsburg
Alle Rechte vorbehalten
Gestaltungskonzeption: Bine Cordes, Weyarn
DTP: Impressum GmbH, Dachau
Fotos: Klaus Kling, Heilbronn
Umschlaggestaltung: Bine Cordes, Weyarn
Umschlagfoto: Bildagentur Mauritius, Mittenwald und
Servicebüro „Die Bayerischen Biere", Eching
Printed in Austria
ISBN- 3-932131-85-1

Inhalt

Biergenuß für Fortgeschrittene

Bier ist ein ganz besonderer Saft. Vor allem dann, wenn der Biertrinker seinen Gerstensaft selbst „zusammengebraut" hat. Schon seit Jahrhunderten zählt das Bier (nicht nur in Bayern) zu den wichtigsten „Grundnahrungsmitteln" der Menschen. Und auch wenn gerade bei uns in Deutschland eine Vielzahl der unterschiedlichsten Biersorten im Angebot ist, so ist es doch ein ganz besonderes Vergnügen, seine höchstpersönliche Marke selbst herzustellen.

Immer mehr Hobby-Brauer entdecken diesen pfiffigen Freizeitspaß für sich und lassen damit eine leider in Vergessenheit geratene Tradition wieder aufleben. Noch bis vor etwa sechzig Jahren brauten auch hierzulande noch zahlreiche Menschen ihr Bier für den eigenen Bedarf selbst. Überhaupt war es üblich, eine Vielzahl von Lebensmitteln wie etwa Obst, Gemüse, Brot oder auch Wurst und Käse eigenhändig zu erzeugen. Nach und nach verdrängten dann allerdings industriell hergestellte Lebensmittel jegliche Individualität. Über die Jahre ging damit auch das Know-how für das Bierbrauen zu Hause verloren. Massenware ersetzte individuelles Geschick.

Dabei ist die auf den ersten Blick so undurchschaubare Technologie des Bierbrauens natürlich keine geheime Kunst. Auch wenn

uns das die Profibrauer ganz gerne so vermitteln. Was in einer modernen Brauerei passiert, läßt sich auch in den eigenen vier Wänden ganz problemlos umsetzen. Schließlich besteht Bier aus gerade einmal vier Grundstoffen: Hopfen, Malz, Hefe und Wasser.

Wie daraus Schritt für Schritt ein herrlich erfrischendes und ursprüngliches Privatbier entsteht, das will Ihnen dieses Buch zeigen. Leicht verständlich und ohne überflüssiges Fachchinesisch.

Der Trend zum Einheitsbier

„Deutsche Premium-Biere sind exzellent, aber sie unterscheiden sich kaum noch im Geschmack".

So lautete im November 1997 das Resümee einer Verkostung der zwölf umsatzstärksten deutschen Biere. Eine echte Überraschung, was da bei dieser, von einem bekannten deutschen Wirtschaftsmagazin angeregten Bierprobe herauskam. Alle Marken zeichneten sich – positiv ausgedrückt – durch ihre Reinheit in Geschmack und Geruch aus. Andererseits fehlte ihnen – so die beauftragten Experten der Berliner Versuchs- und Lehranstalt für Bier – jegliche individuelle Geschmacksausprägung.

Eine ziemlich ernüchternde Erkenntnis für das Bierland Deutschland. Immerhin produzieren hier insgesamt rund 1200 Brauereien etwa 5800 verschiedene Biersorten. Im internationalen Vergleich ist Deutschland damit nach den USA der größte Bierproduzent der Welt. Imposante Zahlen, die aber leider kein Garant für Vielfalt und Individualität sind.

Gut die Hälfte der mehr als 110 Millionen jährlich in Deutschland gebrauten Hektoliter Bier kommen aus riesigen „Braufabriken". Damit ist der mengenmäßig größte Anteil der deutschen Biere heutzutage ein industriell gefertigtes Massenprodukt. Es fehlt der frühere Charme eines ursprünglichen und naturbelassenen Lebensmittels. In den Brauereien wird standardisiert, pasteurisiert und filtriert. Was übrigbleibt, ist ein beinahe immer gleich schmeckendes „Gebräu", das Tausende von Kilometern kreuz und quer durch Deutschland transportiert wird. Oft genug bleiben dabei die regionale Vielfalt und das wahre Biererlebnis auf der Strecke.

10

Geschmacksvielfalt durch Individualität

Selbstverständlich schwimmen nicht alle deutschen Brauereien mit dem Strom. Gut 60 Millionen Hektoliter – und damit die andere Hälfte des pro Jahr in Deutschland gebrauten Bieres – kommen immerhin noch aus kleineren Brauereien mit weniger als 10 000 Hektolitern Jahresausstoß. Vor allem dort finden Kenner noch immer feine, individuell und mit viel Liebe gebraute Biere.

Der wahre Schritt zur Individualität ist aber natürlich die eigene Hausbrauerei. Dort gebraute Biere sind alles andere als einheitlich und standardisiert. Sie sind unfiltriert, glänzen durch (selbst-)ausgesuchte, wertvolle Zutaten und benötigen keine Hilfs- oder Zusatzstoffe. Das Ergebnis ist ein urtümliches, naturreines Lebensmittel, das sich in seiner Qualität und Vielfalt von Brauereibieren eindeutig abhebt.

Allerdings auch im Hinblick auf die Haltbarkeit. Das mit viel Kreativität und Experimentierfreudigkeit entstandene Privatbier sollte auch bei noch so behutsamer und hygienisch einwandfreier Zubereitung möglichst bald nach der Reifung getrunken werden. Das ist jedoch eine Begleiterscheinung, die jeder Hobby-Brauer bestimmt gerne in Kauf nimmt. Schließlich können es die meisten Nachwuchsbrauer ohnehin kaum erwarten, bis sie ihren allerersten Sud verkosten dürfen.

Eine kleine Biergeschichte

Am Anfang war das Brot

„Bier: Alkoholisches Getränk. Hergestellt aus stärkehaltigen Rohstoffen (z.B. Gerstenmalz), Hopfen und Wasser sowie gärungserzeugender Hefe." So nüchtern beschreibt ein modernes Lexikon heute den beliebten Gerstensaft. Dabei ist die Geschichte des Bieres doch auch ein Stück Menschheitsgeschichte. Vor rund 6000 Jahren entdeckten vermutlich die Sumerer das Bier und seine berauschende Wirkung. Das ab ca. 4000 v. Chr. in der Region zwischen Euphrat und Tigris lebende alte Kulturvolk verwendete zunächst allerdings kein Getreide für das Bierbrauen. Genaugenommen hatte das damalige „Bier" auch nicht viel mit unserem heutigen Gerstensaft zu tun. Die Sumerer nahmen gebackenes Brot, versetzten es mit Wasser und ließen den so entstandenen Brotbrei gären.

Mit der Genialität der Sumerer hatte diese Praxis freilich nur wenig zu tun. Das Bier war vermutlich eine absolut zufällige „Erfindung". Ursache dafür war mit großer Wahrscheinlichkeit ein zufällig naßgewordenes und dann durch wilde Hefen vergorenes Stück Brot, das so den Grundstein für unser heutiges Bier gelegt hat. Aus diesen wenig appetitlichen Anfängen entwickelte sich über die Jahrhunderte und einige geschmackliche Umwege unser heutiges Bier. So war es damals beispielsweise üblich, das „Bier" mit Zimt, Anis oder Honig zu „verfeinern".

Im 2. Jahrtausend vor Christus „vererbten" die Sumerer die Braukunst an die neuen Machthaber in Mesopotamien, die Babylonier. Sie entwickelten diese Kunst weiter und lieferten ihre Biere sogar bis ins weit entfernte Ägypten. Und auch dort fand der Vorläufer unseres Gerstensaftes schnell neue Liebhaber. Das Brotbier entwickelte sich sogar zu einem echten Nationalgetränk und galt lange Zeit sogar als Grundnahrungsmittel. Übrigens: Noch heute brauen die Bauern am Nil ihr Bier aus Brotteig selbst.

Der lange Weg zum „echten" Bier

Auch wenn beispielsweise in Bayern das Bier als fünftes Element und der Durst als sechster Sinn gefeiert werden – das Bier ist keine Erfindung der Germanen. Erst seit etwa 3000 Jahren ist die Braukunst auch bei uns bekannt und gebräuchlich. Eingeführt haben diese Kunst bei uns vermutlich die Phönizier. Auf ihren Seefahrten brachten sie das von den verschiedensten Völkern rund ums Mittelmeer immer weiter „verfeinerte" Bier bis nach Nordeuropa. Und damit erlebte die Kunst des Bierbrauens einen echten Quantensprung. Die Germanen entdeckten sehr schnell, daß zum Brauen nicht unbedingt Brot notwendig ist. Um die Inhaltsstoffe des Getreides vergärbar zu machen, setzten sie auf ein wesentlich simpleres Verfahren: Unsere Vorväter ließen die Gerste oder den Weizen ganz einfach keimen und anschließend trocknen.

Was sonst in einem aufwendigen Backprozeß passieren mußte, erledigten jetzt ganz bequem die im Getreide enthaltenen Enzyme. Die Germanen legten damit den Grundstein für die bis heute übliche Herstellung des wichtigsten Grundstoffes beim Brauen, das Mälzen. (Mehr über das Thema Malzbereitung erfahren Sie übrigens im Kapitel über die Rohstoffe.)

Im 11. Jahrhundert schließlich revolutionierten die Germanen die Bierherstellung noch einmal. Damals setzten unsere Vorfahren dem Bier zum ersten Mal Hopfen als geschmacksprägendes und konservierendes Element zu. Erst damit waren die Zeiten des kaum haltbaren und pappsüßen Brotbreis endgültig vorbei. Aus der zwar berauschenden, aber wenig ansehnlichen Brühe wurde endlich richtiges Bier.

Die Germanen und ihr Bier

Dank der Findigkeit der Germanen trat das Bier nun seinen Siegeszug quer durch Europa an. Allerdings mit kleineren Einschränkungen. Auch in den südlicheren Ländern wurde und wird zwar gerne mal Bier getrunken. Gegen den Wein konnte sich der Gerstensaft aber beispielsweise in Spanien oder Italien niemals wirklich durchsetzen.

Deutschland hingegen entwickelte sich zum Stammland der Biertrinker. Dabei war die Bedeutung des Bieres jedoch nicht immer
gleich. Im Mittelalter beispielsweise galt Bier als wichtiges Nahrungsmittel. Die Menschen tranken es praktisch zu jeder Tages- und
Nachtzeit, kalt oder warm. Und in der Regel brauten sie es auch
selbst. Regelrechte „Brauereien" betrieben zu dieser Zeit lediglich
die Klöster. Mit ihrem ganz persönlichen Interesse an nahr- und
schmackhaften Bieren leisteten sie übrigens einen wichtigen Bei-
trag zur Verfeinerung der Braukunst.

Nach und nach entwickelte sich das Bierbrauen dann auch in
den Städten zu einem eigenen und hochspezialisierten Gewerbe.
Zwischen dem 13. und dem 16. Jahrhundert entstanden vor allem
in Norddeutschland Tausende von kleinen und größeren Brauerei-
en. In Süddeutschland und speziell in Bayern war das Braugeschäft
lange Zeit in fester Hand der Klöster. Noch bis zum 16. Jahrhundert
tranken die Menschen dort aber ohnehin vorwiegend Wein. Die
heutzutage für ihre Biere weltberühmten Bayern wurden erst im
17. Jahrhundert zu Biertrinkern. Dann allerdings richtig. Im Jahr
1750 zählte man zwischen Zugspitze und Spessart mehr als 4000
Brauereien.

An der großen Begeisterung für Bier hat sich im Freistaat bis
heute nur wenig geändert. Von den insgesamt rund 1200 deutschen
Brauereien stehen allein 700 in Bayern. Abgesehen vom Kaffee ist
das Bier damit auch heute noch immer das absolute und erklär-
te Lieblingsgetränk im Süden. Mit einem Pro-Kopf-Verbrauch von
180 Litern im Jahr liegt Bayern einsam an der Spitze aller Bundes-
länder. Insgesamt gesehen beklagen die Brauer aber schon seit einiger Zeit eine fallende Tendenz beim Bierkonsum. 1997 sank der Pro-
Kopf-Verbrauch im Vergleich zum Vorjahr bundesweit um 0,6 Liter
auf 131,1 Liter. Und vielleicht müssen die Brauereien ja bald auch
auf Sie als Kunden verzichten. Nämlich dann, wenn Sie in Zukunft
Ihr Bier nur noch selbst brauen. Streng nach dem Reinheitsgebot
oder auch einmal mit ein paar exotischen Zutaten.

Das Reinheitsgebot

„Ganz besonders wollen wir, daß forthin allenthalben in unseren Städten und Märkten und auf dem Lande zu keinem Bier mehr Stücke als allein Gersten, Hopfen und Wasser verwendet und gebraucht werden."

So lautet – in neuhochdeutscher Textfassung – die zentrale Aussage des Bayerischen Reinheitsgebots von 1516. Wer diese weltweit erste lebensmittelrechtliche Bestimmung erlassen hat, ist unumstritten: Die Ehre gebührt Herzog Wilhelm IV. von Bayern.

Welche Beweggründe der Herzog jedoch hatte, darüber streiten sich die Geister. War es nun tatsächlich der Gedanke an den Schutz der Verbraucher? Oder ging es Wilhelm IV. vielleicht nur um die Sicherung des damals knappen Weizens für die Brotherstellung und einen krisensicheren Absatzmarkt für die bayerischen Gerstenbauern? So oder so: Das Reinheitsgebot war und ist ein Meilenstein für die Bierqualität.

Die Historie des Reinheitsgebots

Das Bayerische Reinheitsgebot wurde am Georgitag, dem 23. April, des Jahres 1516 auf dem Landesstädtetag zu Ingolstadt erlassen. Unterzeichnet haben das Dekret die damals Bayern gemeinsam regierenden Herzöge Wilhelm IV. und sein jüngerer Bruder Ludwig X.

Diese wohl berühmteste Fassung des Reinheitsgebots war jedoch keineswegs der erste Versuch, die Produktion des bedeutenden Grundnahrungsmittels Bier in geordnete Bahnen zu lenken. Sie stellt vielmehr Höhepunkt und Abschluß einer sich über mehrere Jahrhunderte hinweg erstreckenden rechtlichen Entwicklung dar. Wichtigste Ziele der jeweiligen Obrigkeiten und Instanzen waren dabei eine sichere Versorgung der Bevölkerung mit qualitativ hochwertigem und preiswertem Bier sowie die wirtschaftliche Kontrolle der Bierproduktion und des Bierhandels.

Erste Vorschriften zu Qualität und Preis des Bieres wurden beispielsweise bereits 1156 für Augsburg, 1293 für Nürnberg, 1363 für

München oder 1447 für Regensburg erlassen. In der zweiten Hälfte des 15. und im frühen 16. Jahrhundert häuften sich dann regionale Vorschriften über Preis und Herstellung des Bieres.

Die erste konkrete Festlegung auf bestimmte Rohstoffe stammt vom 30. November 1487. Damals verfügte Herzog Albrecht (der Weise) für München, daß zur Bierzubereitung nur Wasser, Malz und Hopfen verwendet werden dürfe. Unmittelbarer Vorläufer des Reinheitsgebots von 1516 ist jedoch eine im Jahr 1493 durch Herzog Georg den Reichen erlassene Biersatzung für das von ihm regierte Teilherzogtum Niederbayern. Auch Georg beschränkte die Zutaten auf Malz, Hopfen und Wasser.

Wie gesagt, die Beweggründe der Regenten waren nicht immer ganz eindeutig zu durchschauen. Einigen ging es sicherlich nur darum die Gerste zu bevorzugen, um die anderen Getreidesorten für die Brotherstellung zu sichern. Andere dachten aber vielleicht tatsächlich in erster Linie an den Schutz ihrer Untertanen. Aus der Sicht der Biertrinker war die Idee jedenfalls richtig und gut. Immerhin gab es seinerzeit die Unsitte, dem Bier allerlei Zutaten beizumengen. Mit dieser Methode wollten die Brauer entweder den Geschmack beeinflussen oder die berauschende Wirkung verstärken, ohne jedoch auf die teuren Zutaten Hopfen und Malz angewiesen zu sein. Gesundheitsschädliche Wirkungen wurden dabei oft billigend in Kauf genommen.

In einer „Ordnung des Bräuen" des Landshuter Stadtrates vom 7. November 1486 heißt es: „Es sollen ... keinerlei Wurzeln, weder Zermetat noch anderes, das dem Menschen schädlich ist oder Krankheit und Wehklagen bringen mag, darein getan werden ..."

Das Bier im Paragraphendschungel

1871 fand das Bayerische Reinheitsgebot Eingang in die Reichsgesetzgebung – zunächst allerdings nicht flächendeckend! Mit der am 31. Mai 1872 erlassenen Biersteuergesetzgebung für das Reich wurde auch die Verwendung von Stärkemehl, Zucker, Sirup und Reis für die Bierproduktion zugelassen. Lediglich Bayern, Baden und Württemberg, wo das absolute Reinheitsgebot galt, waren von dieser Regelung ausgenommen. Erst durch das Reichsgesetz vom

7. Juni 1906 hielt das Reinheitsgebot auch in das Gesetz für die Norddeutsche Biersteuergemeinschaft Einzug.

Kleine Anekdote am Rande: Als nach dem Ende des ersten Weltkriegs die Weimarer Republik gegründet wurde, machte Bayern sogar seinen Beitritt zur Republik davon abhängig, ob das Reinheitsgebot auch weiterhin im gesamten Reichsgebiet gilt.

Nach dem zweiten Weltkrieg schließlich wurde das Reinheitsgebot im Biersteuergesetz vom 14. März 1952 verankert. Heute gilt das neugefaßte vorläufige Biergesetz vom 29. Juli 1993. Darin heißt es in § 9:

> **„(1) Zur Bereitung von untergärigem Bier darf nur Gerstenmalz, Hopfen, Hefe und Wasser verwendet werden.**
>
> **(2) Die Bereitung von obergärigem Bier unterliegt derselben Vorschrift; es ist hierbei jedoch auch die Verwendung von anderem Malz und die Verwendung von technisch reinem Rohr-, Rüben- und Invertzucker sowie Stärkezucker und aus Zucker der bezeichneten Art hergestellten Farbmittel zulässig. "**

Wie Absatz zwei des Biergesetzes zeigt, unterscheidet sich dieses „deutsche" Reinheitsgebot deutlich von seinem bayerischen Vorläufer.

Der feine Unterschied

Streng betrachtet gibt es kein „Deutsches Reinheitsgebot von 1516". Auch wenn das fälschlicherweise immer wieder gerne so zitiert wird. Wenn heute vom „Bayerischen Reinheitsgebot" gesprochen wird, dann ist die in Bayern noch immer gültige Urfassung von 1516 gemeint.

Das Reinheitsgebot und die EU

Bis 1987 hatte das Reinheitsgebot sowohl eine Innen- als auch eine Außenwirkung: Einerseits war es den deutschen Brauern verboten, ihr Bier abweichend von den strengen Vorschriften des Reinheits-

gebots herzustellen. Andererseits durften ausländische Produkte nur auf dem deutschen Markt als Bier verkauft werden, wenn sie dem Reinheitsgebot entsprachen.

Erst die Harmonisierungswut der Europäischen Union brachte das Reinheitsgebot mit seiner jahrhundertelangen Tradition ins Wanken. In den 70er Jahren entwickelte die damalige EG-Kommission erste Initiativen, um die Herstellungsvorschriften für Bier auf niedrigstem Niveau zu vereinheitlichen und Zusätze europaweit zu erlauben.

1982 eröffnete die EG-Kommission dann ein sogenanntes Vertragsverletzungsverfahren gegen die Bundesrepublik Deutschland. Anlaß dafür war die Weigerung Deutschlands, nicht nach dem Reinheitsgebot gebraute Biere für den Import zuzulassen. Die EG sah darin eine Verletzung des vertraglich festgelegten „freien Warenverkehrs innerhalb der europäischen Staatengemeinschaft".

Die Bundesrepublik berief sich seinerzeit auf den „vorbeugenden Gesundheitsschutz" für ihre Bürger. Der Europäische Gerichtshof folgte dieser Argumentation jedoch nicht und fällte schließlich am 12. März 1987 sein „Reinheitsgebotsurteil". Damit war der Weg für alle in anderen EU-Ländern als verkehrsfähig geltenden Biere nach Deutschland frei. Einziges Zugeständnis: Fremde Stoffe mußten auf dem Etikett angegeben werden.

Die Angst vor einer nun über uns hereinbrechenden Schwemme „unreiner" Biere erwies sich jedoch als unbegründet. Biersorten, die nicht dem Reinheitsgebot entsprechen, spielen auf dem deutschen Markt eine verschwindend kleine Rolle. Daran wird sicherlich auch die ständig wachsende Zahl der Hobby-Brauer kaum etwas ändern. Gerade sie werden vermutlich am allermeisten auf die Qualität ihrer Zutaten achten.

Das Reinheitsgebot heute

Inzwischen hat auch die Europäische Union den Stellenwert des Bayerischen Reinheitsgebots erkannt. Um nach überlieferten Rezepten oder Verfahren hergestellte Lebensmittel vor billigen Imitaten zu schützen, schuf die EU 1996 den Begriff des „Traditionellen

Lebensmittels". Europaweit wurden bis jetzt (Stand:1998) 15 ausgewählte Lebensmittel in eine entsprechende Liste aufgenommen. Bei diesen Produkten müssen Herstellungsverfahren und Rezepturen zwingend eingehalten werden. Nur unter dieser Voraussetzung dürfen die Lebensmittel auch zukünftig unter der geschützten Bezeichnung vermarktet werden.

Als einziges deutsches Lebensmittel wurde Bier, selbstverständlich gebraut nach dem Reinheitsgebot, in die Liste der geschützten „Traditionellen Lebensmittel" aufgenommen. Letztendlich bleibt also doch alles beim alten!

Übrigens: Das Bayerische Reinheitsgebot von 1516 ist als Gütezeichen gesetzlich anerkannt und wird in der EU besonders geschützt.

Die Rohstoffe

Seit nahezu 500 Jahren verpflichtet das Bayerische Reinheitsgebot die Brauer dazu, nur Hopfen, Malz, Wasser und Hefe zu
verwenden. Für Sie als Hobby-Brauer gilt dieser Leitsatz natürlich
nicht. Anstatt Gerstenmalz ist es Ihnen selbstverständlich auch erlaubt, Malzersatzstoffe bzw. Zusätze wie Zucker oder Stärkemehl
einzusetzen. Ihrer Experimentierfreudigkeit sind dabei im Grunde
keine Grenzen gesetzt. Letzendlich – das zeigt die Erfahrung – lan-
den jedoch praktisch alle Hobby-Brauer wieder bei den seit vielen
Jahrhunderten bewährten Grundstoffen jeden guten Bieres. Aus diesem Grund konzentriert sich dieses Buch, mit einigen Ausnahmen,
auf diese ursprünglichen und nicht zu übertreffenden Zutaten.

Das Brauwasser

Das fertige Bier besteht zu über 90 Prozent aus Wasser. Brauwasser
ist somit – zumindest mengenmäßig – der wichtigste Rohstoff. Die
spätere Qualität des Bieres hängt entscheidend von der Beschaffenheit des Wassers ab. Brauereien verfügen meist über eigene
Brunnen mit einer weitgehend gleichbleibenden und genau bekannten Wasserqualität. Als Hobby-Brauer sind Sie jedoch in der
Regel auf das normale Trinkwasser angewiesen. Es ist deshalb notwendig, das zu Hause verfügbare Leitungswasser zunächst auf seine Eignung als Brauwasser zu überprüfen.

Die Wasserqualität

Die wichtigsten Eckdaten für die Wasserqualität sind die Gesamthärte, die Karbonathärte, der pH-Wert, der Nitratgehalt sowie der
Gehalt an verschiedenen Spurenelementen.

Diese Werte erfahren Sie (meist sogar telefonisch) bei Ihrem Wasserwerk. Ein Vergleich mit den nachfolgenden Übersichten zeigt Ihnen dann, ob Ihr Wasser ohne weitere Behandlung zum Bierbrauen geeignet ist.

Allgemeine Anforderungen an Brauwasser:	
pH-Wert:	5,0 bis 7,0
Eisen (Fe):	kleiner als 0,25 Milligramm pro Liter
Mangan (Mn)	kleiner als 0,50 Milligramm pro Liter
Nitrat (NO_3)	kleiner als 20,0 Milligramm pro Liter
Härte:	
Gesamthärte:	kleiner als 10 °dH (Grad Deutscher Härte)
Carbonathärte:	max. 30 % der Nicht-Carbonathärte

Manchmal können Ihnen die Wasserwerke jedoch keine exakten Härtegrade nennen, sondern lediglich Härtebereiche.

Bei der Beurteilung ihres Wassers kann Ihnen dann folgende Tabelle helfen:

Härte-bereich	Gesamthärte (°dH)	Qualität
1	0 bis 7	weich
2	8 bis 14	mittelhart
3	15 bis 21	hart
4	größer als 21	sehr hart

Natürlich ist es auch möglich, die Eignung des Leitungswassers für das Bierbrauen selbst zu kontrollieren. Dafür gibt es in Apotheken oder im Laborfachhandel einfache Teststreifen beziehungsweise Testchemikalien, mit denen Sie einen Großteil der Eckdaten selbst überprüfen können.

Falls Sie anstatt Leitungswasser lieber Wasser aus einem eigenen Brunnen verwenden möchten, sollten Sie selbstverständlich auch in diesem Fall unbedingt auf eine einwandfreie Qualität achten.

Das Wasser darf vor allem keine gesundheitsschädlichen Keime enthalten. Außerdem muß es klar, farb- und geruchlos sowie geschmacklich einwandfrei sein. Eine exakte Beurteilung des Wassers durch Laien ist jedoch praktisch unmöglich. Bevor Sie Ihr eigenes Brunnenwasser verwenden, sollten Sie deshalb auf jeden Fall eine Analyse durch ein Fachlabor veranlassen.

„Hartes" Wasser – „weiches" Wasser

Wasser ist keineswegs gleich Wasser. Vor allem der sehr unterschiedliche Gehalt an verschiedenen, im Wasser gelösten Salzen prägt den Charakter des jeweiligen Brauwassers. In diesem Zusammenhang besonders wichtig sind Calcium- und Magnesiumcarbonat. Diese Salze bestimmen in erster Linie den „Härtegrad" des Wassers und damit seine Güte als Brauwasser. Je nach „Härte" ist das Wasser mehr oder weniger gut zum Brauen bestimmter Sorten geeignet.

Carbonathärte und Nicht-Carbonathärte

Die Gesamthärte des Wassers setzt sich aus der Carbonat- und der Nicht-Carbonathärte zusammen.

Carbonate sind chemisch gesehen ganz allgemein Verbindungen von Kohlensäure mit Metallen. Im Zusammenhang mit der Wasserhärte sind dabei ausschließlich das Calcium- und das Magnesiumcarbonat gemeint. Diese beiden Salze sind normalerweise im Wasser gelöst. Voraussetzung dafür ist jedoch das Vorhandensein einer bestimmten Menge an freier Kohlensäure. Wird diese Kohlensäure dem Wasser entzogen (etwa beim Kochen), dann gehen die zunächst gelösten Salze in eine unlösliche Form über. Den Namen dafür kennen Sie alle: Kalk!

Ein Mechanismus, den Sie sich bei einer zu hohen Härte Ihres Brauwassers zu Nutze machen können: Durch einfaches Abkochen läßt sich ein Großteil des Kalks bzw. der Carbonathärte entfernen. Dazu später mehr im Kapitel über die Wasseraufbereitung.

Bei der Nicht-Carbonathärte handelt es sich um Salze anderer Säuren (wie etwa Salz-, Salpeter- oder Schwefelsäure). Sie bleiben auch nach dem Kochen im Wasser gelöst.

Übrigens: Wässer mit einem dominierenden Anteil dieser Salze heißen allgemein Sulfatwässer. Überwiegt bei der Gesamthärte hingegen die Carbonathärte, dann spricht man von Carbonatwässern.

Auswirkungen der Wasserhärte

Für das Bierbrauen von Bedeutung ist vor allem die Carbonathärte. Die Menge der dafür verantwortlichen Salze hat einen entscheidenden Einfluß auf die spätere Bierqualität. Eine zu hohe Konzentration kann sich beim Brauen sowohl auf das Malz als auch auf den Hopfen negativ auswirken. Die durch die Salze hervorgerufene Erhöhung des pH-Werts führt zu einem langsameren Ablauf enzymatischer Vorgänge. Die Folge ist eine geringere Extraktmenge und damit eine schlechtere Ausbeute. Zudem lösen sich bei einem höheren pH-Wert unedle Bestandteile wie Lipide (Fette) und vor allem Gerbstoffe. Diese besonders bitteren Substanzen sind nur bei dunklen, nicht jedoch bei hellen Bieren erwünscht.

Als Faustregel gilt: Hartes Wasser eignet sich besser für dunkle Biersorten, weiches für helle Biere. Mit anderen Worten: Bei dunklem Bier dürfen bzw. müssen pH-Wert und Wasserhärte höher sein als bei hellen Sorten.

Beim Brauwasser spielen deshalb regionale Unterschiede eine ganz erhebliche Rolle. So ist es auch zu erklären, warum es früher in manchen Gegenden besonders gute Biere gab und auch heute noch gibt. Das wohl bekannteste Beispiel dafür ist das weltberühmte „Pilsener" aus der Stadt Pilsen in Tschechien. Das Wasser dort ist ausgesprochen „weich" (Gesamthärte ca. 1,6 °dH, Carbonathärte ca. 1,3 °dH) und damit ideal zum Brauen eines hellen „Pils"-Bieres geeignet.

Auch die anderen bekannten Hauptbiertypen sind jeweils auf ein Brauwasser ganz spezifischer Zusammensetzung zurückzuführen.

Das harte Dortmunder Wasser etwa mit seiner hohen Nicht-Carbonathärte prägt den „Exporttyp" und das ebenfalls harte Münchner
Wasser (hohe Carbonathärte!) den dunklen „Münchner Typ". Hier
zum Vergleich die Härtegrade einiger Brauwässer:

Brauwasser	Gesamthärte / Carbonathärte
Münchner	15,8 °dH / 14,8 °dH
Dortmunder	41,5 °dH / 16,8 °dH
Weihenstephaner	25,5 °dH / 16,5 °dH

Dunklere Biertypen, wie beispielsweise die in München oder Dortmund gebrauten, benötigen übrigens wesentlich weniger Hopfen.
Durch das harte Brauwasser würde zuviel Hopfen einen aufdring-
lich bitteren Geschmack erzeugen. Das malzige Aroma überwiegt
deshalb in der Regel bei diesen Sorten.

pH-Wert

Der pH-Wert ist der „negative dekadische Logarithmus der Wasserstoffionen-Konzentration" in einer Lösung. Soviel zu Thema Chemie! Diese Definition können Sie getrost sofort wieder vergessen.

Merken sollten Sie sich lediglich folgendes: Der pH-Wert gibt an,
ob ein Wasser sauer, neutral oder basisch (= alkalisch) ist. Die Skala reicht dabei von 1 bis 14. Sauer ist ein Wasser bei einem Wert zwischen 1 und 7, bei einem „pH" von genau 7 ist das Wasser neutral
und bei Werten zwischen 7 bis 14 reagiert das Wasser alkalisch.

Die Kontrolle des pH-Werts funktioniert relativ simpel. Besorgen Sie
sich dazu im Fachhandel oder in einer Apotheke ein speziell dafür
entwickeltes Indikatorpapier. Um den pH-Wert des Brauwassers zu
bestimmen, halten sie einen der Test-Streifen kurz in das Brauwasser. Aus der Verfärbung des Streifens läßt sich dann der pH-Wert ablesen. Vergleichen Sie dazu ganz einfach die Papierfarbe mit der
Farbskala auf der Verpackung des Indikatorpapiers.

Zum Brauen sollte der pH-Wert in einem Bereich zwischen 5,3 und 5,5 liegen. Bei höheren Werten können die im Malz enthaltenen Enzyme nicht richtig arbeiten. Die Folge ist eine niedrigere Extraktausbeute und damit ein dünneres Bier. Möglichkeiten, den pH-Wert einzustellen, erfahren Sie im nachfolgenden Kapitel Wasseraufbereitung.

Wasseraufbereitung/Enthärtung

Wie bereits erwähnt, können Sie Ihr Brauwasser ganz einfach durch Abkochen enthärten. Damit ist es möglich, die Wasserhärte um etwa 5 °dH zu reduzieren. Nach dem Abkühlen kann das enthärtete Wasser vorsichtig aus dem Kochtopf abgezogen werden.

Achtung: Den Bodensatz dabei nicht aufwirbeln. Die letzten ein bis zwei Liter milchig-trübe Brühe müssen weggeschüttet werden.

Anschließend ist es wichtig, den pH-Wert des Wassers zu kontrollieren. Durch das Kochen ist der Wert in der Regel deutlich erhöht. Um das Wasser tatsächlich als Brauwasser verwenden zu können, ist es deshalb notwendig, den „pH" wieder auf einen Wert um 5,5 einzustellen.

Die eleganteste Methode dafür ist der Einsatz von Sauermalz beim späteren Einmaischen. Dieses Malz enthält rund 5 Prozent Milchsäure. Die Säure wird dabei durch spezielle, direkt auf dem Sauermalz gezüchtete Bakterienkulturen erzeugt. Wird dieses Malz zu einem geringen Prozentsatz dem normalen Malz zugesetzt, sorgt es so ganz natürlich für eine Absenkung des pH-Werts im Brauwasser bzw. in der Maische. Weniger elegant, aber ebenso effektiv ist es, den pH-Wert mit biologisch gewonnener Milchsäure einzustellen.

Alles in allem ist das Abkochen nicht unbedingt empfehlenswert. Vor allem, weil dafür sehr viel Energie notwendig ist. Es empfiehlt sich deshalb, das Brauwasser mit einer anderen Methode zu enthärten. Bewährt haben sich dafür Ätzkalk und Gips.

Ätzkalk, ungelöschter Kalk, gebrannter Kalk oder Calziumoxid: vier Begriffe für ein und denselben Stoff. Eine Verbindung, die beim

Brauen gute Dienste leistet. Ätzkalk ist ungiftig und hilft uns dabei, unser Brauwasser auf energiesparende Weise zu enthärten.

Das Calziumoxid (CaO) wird dazu ganz einfach in das zu enthärtende Wasser eingerührt. Nach etwa einer Stunde ist der dadurch in Gang gesetzte chemische Prozeß abgeschlossen. Auch bei dieser Enthärtungsmethode empfiehlt es sich, danach den pH-Wert zu kontrollieren. Eventuell noch vorhandene unverbrauchte Reste an Calziumoxid würden den pH-Wert in den alkalischen Bereich verschieben und das Wasser somit für Brauzwecke unbrauchbar machen. Das Absenken des pH-Werts funktioniert auch in diesem Fall mit dem bereits beschriebenen Sauermalz oder der biologisch gewonnenen Milchsäure.

Eine andere einfache Form der Enthärtung ist der Zusatz von Gips (Braugips aus dem Fachhandel!). Das Calziumsulfat ($CaSO_4$), wie der Gips chemisch heißt, hat dabei noch eine andere angenehme Eigenschaft. Als Salz der Schwefelsäure verschiebt es gleichzeitig mit der Enthärtung den pH-Wert in den sauren Bereich und begünstigt so quasi automatisch die enzymatischen Prozesse beim Brauen. Ein Wermutstropfen bleibt allerdings: Genaugenommen ist etwa der Einsatz von Braugips ein klarer Verstoß gegen das Reinheitsgebot.

Brauereien müssen deshalb andere Wege gehen. Um das Wasser den Anforderungen des jeweils gewünschten Biertyps optimal anzupassen und beispielsweise auch aus zunächst hartem Wasser ein Pils brauen zu können, werden die Brauwässer in der Regel mit physikalischen (und eben nicht chemischen) Methoden entcarbonisiert bzw. entsalzt. Die Brauer verwenden entweder einen Ionenaustauscher oder bedienen sich der Elektro-Osmose oder Umkehrosmose. Diese Verfahren stehen nicht im Widerspruch zum Reinheitsgebot und sind in der Trinkwasser-Aufbereitungsverordnung geregelt. Auf diese Weise sind die Brauereien heutzutage nicht mehr auf die Produktion von bestimmten, ihrem „Haus-Wasser" entsprechenden Biersorten festgelegt.

Diese Möglichkeiten stehen Hobby-Brauern natürlich nicht zur Verfügung. Dennoch sollten Sie als Nachwuchsbraumeister sehr vorsichtig beim Einsatz von allzu vielen Zusatz- und Hilfsstoffen sein. Rein theoretisch wären nämlich auch Salz- oder Phosphorsäure zum Einstellen des pH-Werts möglich. Auch hier würden Sie allerdings das Reinheitsgebot mißachten.

Kein allzu angenehmer Gedanke, oder? Immerhin soll es sich bei unserem selbstgebrauten Bier doch um ein hochwertiges Lebensmittel und nicht um ein mit vielen trickreichen Chemikalien „aufgemöbeltes" Gebräu handeln.

Und genau da sind wir bei einem wichtigen Punkt. Manchmal helfen alle Zusätze nicht mehr weiter. Es gibt Wasser, das aufgrund seiner Beschaffenheit und Zusammensetzung einfach nicht zum Bierbrauen geeignet ist. Das gilt ganz besonders bei einem hohen Nitratgehalt. Schon ab etwa 20 Milligramm pro Liter Brauwasser verursacht das Nitrat unter Umständen ganz erhebliche Störungen beim späteren Gärprozeß. Das aus dem Nitrat entstehende Nitrit ist für die Hefezellen hochgiftig. Da durch den Hopfen zusätzliches Nitrat in die Würze gelangen kann, ist es besonders wichtig, möglichst nitratfreies Wasser zu verwenden.

Sollte Ihr Leitungswasser diesen Anforderungen bei weitem nicht entsprechen, können Sie zur Not auch auf (kohlensäurefreies und relativ salzarmes) Mineralwasser ausweichen. Keine ganz billige Angelegenheit, aber unter Umständen die einzige Möglichkeit.

Das Malz

Das Malz ist die Seele des Bieres. Es ist verantwortlich für die Geschmacksfülle und die Farbe und damit insgesamt für den Charakter des Gerstensaftes.

Apropos „Gerstensaft": Nicht jedes Bier wird aus Gerstenmalz gebraut. Auch Weizen, Roggen oder Dinkel werden für die Malzherstellung verwendet. Diese Getreidearten kommen jedoch nur bei speziellen Biersorten zum Einsatz und spielen mengenmäßig bei weitem nicht die Rolle der Gerste. Und das aus gutem Grund: Gerste ist die zum Brauen mit Abstand am Besten geeignete Getreideart. Das liegt vor allem an ihrem hohen Gehalt an Enzymen. Diese „Bio-Katalysatoren" wandeln die in der Gerste enthaltene Stärke in vergärbaren Zucker um.

Gerste

Wenn von „Braugerste" die Rede ist, dann ist in der Regel die locker-ährige, zweizeilige Sommergerste gemeint.

Im Jahr 1997 wurden von dieser Gerstenart allein in Bayern mehr als 900 000 Tonnen geerntet. Die zum Brauen verwendbare Gerste muß jedoch besonders hohe Anforderungen im Hinblick auf beispielsweise die Korngröße oder den Eiweißgehalt erfüllen. Aus diesem Grund kann nie die gesamte Ernte tatsächlich auch als Braugerste verwendet werden. Rund ein Drittel (ca. 300 000 Tonnen) wanderte 1997 als Futtermittel in die Viehzucht.

Die wichtigsten Qualitätskriterien für Braugerste sind die Keimfähigkeit, das Quellvermögen und der Wassergehalt. Eine ganz besondere Rolle kommt jedoch dem in der Gerste enthaltenen Eiweiß zu. Der Gehalt an Proteinen sollte bei Braugerste nicht über 11,5 Prozent liegen. Ideal sind Werte zwischen 9 und 11 Prozent. Ein zu hoher Eiweißgehalt wirkt sich speziell auf helle Biersorten negativ aus. Er verursacht Trübungen und läßt das Bier unter Umständen unangenehm bitter schmecken. Zudem verringert ein hoher Proteingehalt auch die Menge des für den Brauprozeß wichtigsten Inhaltsstoffes, der Stärke.

Vom Getreide zum Malz

Malz ist, ganz banal ausgedrückt, gemälztes Getreide. Was aber passiert im Detail bei diesem langwierigen und sensiblen Prozeß?

Zunächst wird das sorgfältig gewaschene Rohgetreide in Wasser eingeweicht (1 bis 2 Tage) und dadurch zum Keimen angeregt. Die Keimung selbst dauert im Durchschnitt rund sechs Tage. Dazu wird das Getreide auf Rosten oder in flachen (Keim-)Kästen gelagert. Je nach Malztyp variiert die Zeitspanne hierfür mehr oder weniger stark (4 bis 10 Tage). Damit das Getreide nicht verschimmelt, muß es ständig bewegt und gut belüftet werden. Die Temperaturen in einer Malzanlage liegen zwischen 10 und 20 °C, die Luftfeuchtigkeit beträgt über 95 Prozent. Während des Keimprozesses vergrößern sich die Körner um etwa ein Drittel. Am Ende sind deutlich kleine Blattansätze und Wurzeln am Korn zu erkennen.

Unsichtbar hingegen sind die biologischen Prozesse innerhalb des Korns. Beim Keimen bilden sich die unterschiedlichsten Enzyme, die dann später beim Brauen die Inhaltsstoffe des Getreides umwandeln.

Die einen „Bio-Katalysatoren" sind für den Abbau von Stärke (Amylasen) verantwortlich. Die anderen wiederum für die Zerlegung von Eiweiß (Proteinasen) oder Fett (Lipasen) in kleinere und damit für die Hefe verwertbare Moleküleinheiten. Aus Stärke wird Maltose (Malzzucker) und aus Eiweiß werden Aminosäuren.

Das so gewonnene Grünmalz wird anschließend schonend getrocknet, der Fachmann sagt „gedarrt". Die Temperaturen werden dabei langsam gesteigert und liegen im allgemeinen zwischen 50 und 80 bzw. 100 °C. Sinn und Zweck des Darrens ist es, den Keimungsprozeß und die damit einhergehenden enzymatischen Vorgänge lediglich zu unterbrechen. Die Enzyme sollen dabei erhalten bleiben. Das funktioniert aber nur bei der Herstellung sehr heller Malzsorten.

Für einige Spezialmalze beträgt die Darrtemperatur bis 200 °C. Dann spricht man bereits von der Malz-Röstung. Bei solchen Malzen werden die enthaltenen Enzyme praktisch vollständig zerstört. Röst- oder Farbmalze dienen deshalb lediglich als geschmacks- oder farbprägende Zusätze für helle Malze.

Deshalb ist wichtig: Bei Malzmischungen für dunklere Biere müssen Sie darauf achten, daß Sie genügend helles Malz verwenden (mindestens 50 Prozent). Spezialmalze alleine sind zum Brauen ungeeignet.

Mit den Weich-, Keim- und Darrbedingungen kann die Zusammensetzung des Malzes gezielt gesteuert werden. So entstehen helle, dunkle, Karamel-, Röst- oder auch Rauchmalze für die unterschiedlichsten Biertypen.

Rauchmalze sind übrigens nur noch sehr selten zu finden. Früher wurden praktisch alle Malze über offenem Feuer gedarrt. Heute verwenden diese Methode nur noch einige Spezialbrauereien in Franken. Für die sogenannten „Rauchbiere" wird das Malz dort über Buchenfeuer geröstet.

Wirkung und Einsatz der Malzsorten

Das Malz beeinflußt alle Merkmale des Bieres: Den Schaum, die Haltbarkeit, die Farbe, das Aroma, den Geschmack und den physiologischen Genußwert. Die Auswirkungen etwa auf die Farbe reichen von „sehr hell" über „goldgelb" und „bernsteinfarbig" bis hin zu „dunkel" und „schwarz". Beim Aroma sprechen die Brauer von „malzblumig", „feinwürzig" oder „würzig". Der Geschmack schließlich ist dann „malzbetont", „vollmundig" oder „röstaromatisch".

Interessant in diesem Zusammenhang ist die Malzfarbe. In Europa wird sie in sogenannten EBC-Einheiten angegeben (EBC steht für European Brewery Convention). Helle Malze haben Werte zwischen 2,5 und 5 EBC, Röstmalze hingegen erreichen bis zu 1500 EBC. Je höher die EBC-Zahl, desto weniger dieser Malzsorte sollten Sie in Ihrer persönlichen Mischung verwenden. Hier ein kleiner Überblick:

Malzart	EBC	max. Anteil	Effekt
Gerste, hell	2,5 bis 5	100 %	helles Bier
Gerste, mittel	5 bis 8	100 %	goldgelbe Farbe
Gerste, dunkel	9 bis 20	85 %	Aroma malzblumig
Karamel, hell	20 bis 30	30 %	Aroma feinwürzig
Karamel, dunkel	80 bis 150	10 %	Aroma würzig
Röstmalz	1000 bis 1500	10 %	Röstaroma
Farbmalz	1200 bis 1600	5 %	dunkle Färbung

Spezialmalze

Nach dem Reinheitsgebot ist für untergärige Biere ausschließlich Gerstenmalz erlaubt. Für obergärige Spezialbiere sind aber natürlich auch verschiedene andere Gertreidearten wie Hafer, Dinkel, Emmer oder Hirse hochinteressant. Einige kleinere Brauereien haben zudem auch den Roggen als Biergrundlage (wieder-)entdeckt.

Mit diesen Malzen lebt eine jahrtausendealte Tradition wieder auf, die bis ins Mittelalter auch bei uns gepflegt wurde. Gerade für Hobby-Brauer bieten sich damit schier unendliche Experimentiermöglichkeiten.

Spezialmalze werden in der Regel jedoch nicht alleine eingesetzt, sondern immer nur als Mischungen mit Gerstenmalz.

Eine weitere Möglichkeit besondere (obergärige!) Biersorten zu „kreieren" ist der Einsatz von ungemälztem Getreide. Neben dem Geschmack lassen sich dadurch auch bestimmte Biereigenschaften beeinflussen. Hafer beispielsweise verbessert die Schaumstabilität und gibt dem Bier ein nussiges Aroma. Soll das Bier eine besonders spritzige Note haben, dann hilft der Zusatz von Reis. Sehr helle Biere, trübungsarme Biere schließlich erreichen Sie mit einem geringen Anteil an Mais. Einziger Schönheitsfehler des ungemälzten Getreides: Mit dem Reinheitsgebot haben die so entstandenen Biere natürlich nichts mehr zu tun.

Übrigens: Das ungemälzte Getreide sollte nie mehr als 10 bis 20 Prozent der Gesamtmischung ausmachen. Der Grund: Die Enzyme des Gerstenmalzes (min. 80 Prozent der Malzschüttung) müssen auch die Inhaltsstoffe des ungemälzten Getreides mit aufspalten.

Weizenmalz

Eine Besonderheit unter den Malzen stellt das Weizenmalz dar. Nicht nur in Bayern erfreuen sich die damit hergestellten Biere immer größerer Beliebtheit. Auch in vielen englischen und belgischen Biersorten kommt es zum Einsatz.

Weizenmalz ist eine besonders helle Malzsorte. Aus diesem Grund wird das Weizenbier in Bayern auch „Weißbier" genannt. Für die Rezeptur existiert dabei eine klare Vorschrift: Weißbier muß mindestens 50 Prozent Weizenmalz enthalten. Teilweise werden diese Biere aber mit bis zu zwei Dritteln Weizenmalz gebraut.

Malzextrakte

Neben den „normalen" Malzen bietet der Fachhandel für Hobby-Brauer auch ein breites Spektrum an Flüssigmalzen – Produkte, die vor allem in England sehr beliebt sind (sogenannte „Beer Kits"). Diese sirupartigen Malzextrakte ersparen dem Hobby-Brauer den zeitaufwendigen Maischeprozeß und das anschließende Abläutern.

Zum „Brauen" müssen Sie den Sirup nur noch mit Wasser und Hefe vermischen. Ihre gesamte Arbeit als Hobby-Brauer beschränkt sich also nur noch darauf, den Gärvorgang zu überwachen und das fertige „Bier" in Flaschen abzufüllen. Klar, daß dabei kaum noch Freiräume für individuelle Geschmacksrichtungen bleiben.

Malzextrakte werden im Prinzip wie normales Malz auch hergestellt. Nach dem Kochen wird der Würze allerdings unter Vakuum das Wasser entzogen. Dabei verflüchtigen sich leider auch viele Aromastoffe aus dem Malz und dem Hopfen. Als alleinige Grundlage für Biere sind Malzextrakte deshalb kaum geeignet. Sinn macht ihr Einsatz jedoch, wenn es darum geht, auf einfache Weise den Stammwürzegehalt eines Bieres zu erhöhen. Zudem können Sie mit einer geringen Menge an Flüssigmalz den Treberrückstand beim Brauen verringern. Damit erleichtern Sie sich das Maischen und Abläutern.

Diese Vorteile haben allerdings ihren Preis. Flüssigmalze sind sehr teuer und sollten nicht zuletzt deshalb nur sparsam verwendet werden.

Honig, Zucker und Zuckercouleur

Bier ist genaugenommen nichts anderes als vergorenes Zuckerwasser. Eine auf den ersten Blick vielleicht erschreckende Behauptung. Und doch ist sie wahr.

Immerhin wird beim Brauen schlicht und ergreifend Stärke mit Hilfe von Enzymen in vergärbaren Zucker umgewandelt. Ein Vorgang, der prinzipiell mit jeder Getreideart machbar ist. Beispiele dafür sind die auch bei uns sehr beliebten chinesischen Reis- und die mexikanischen Maisbiere.

Und natürlich kann das Malz theoretisch auch gleich ganz oder doch zumindest teilweise durch reinen Zucker oder Honig ersetzt werden. Mit Bier und dem Reinheitsgebot haben solche Produkte natürlich nur noch sehr wenig bzw. überhaupt nichts mehr zu tun.

Für Hobby-Brauer ist gerade Honig als Hilfsmittel dennoch interessant. Damit lassen sich ausgefallene geschmackliche Varianten erzeugen. Wichtig dabei ist jedoch, daß Sie den Honig bereits beim Kochen der Würze zusetzen. Dadurch werden im Honig enthaltene

Hefen und Bakterien abgetötet, die sonst für unerwünschte Fehl-
gärungen sorgen könnten.

Rohr- oder Rübenzucker hat im Bier nichts verloren. Sinnvoll ist
lediglich der Einsatz von Zuckercouleur. Damit ist es möglich, auch
mit helleren Malzen ein dunkles Bier zu brauen. Eine Methode, die
übrigens auch vom Deutschen Reiheitsgebot abgedeckt ist, allerdings nur für obergärige Biere. Im privaten Bereich ist der Einsatz
von Zuckercouleur aber auch für untergärige Sorten eine durchaus
akzeptable und vorteilhafte Methode. Zuckercouleur sorgt für eine angenehm-karamelartige Geschmacksnote und erhöht darüber
hinaus den vergärbaren Anteil des Extrakts. Auf diese Weise entwik-
kelt das Bier ein vollmundigeres und kräftigeres Aroma.

Zuckercouleur bekommen Sie in jedem Lebensmittelgeschäft.
Sie können sie aber auch relativ einfach selbst herstellen. Erwärmen Sie dazu ein wenig Kristallzucker bei mäßiger Hitze in einer
Pfanne. Wenn der Zucker eine sirupartige Konsistenz aufweist und
nach Karamelbonbons riecht, müssen Sie die Masse so lange mit
Wasser aufgießen, bis sich der Zucker vollständig aufgelöst hat. Pro
100 Gramm Zucker benötigen Sie rund 0,1 Liter Wasser.

Kandierter Zucker wird übrigens nicht nur beim Brauvorgang
selbst eingesetzt. Belgische und holländische Brauereien verfeinern damit ihre sogenannten „Trappistenbiere". Nach der Hauptgärung wird beim Abfüllen eine geringe Menge an Kandiszucker beigemischt. Dieser Zucker verursacht eine Nachgärung in der Flasche. Damit soll das Bier geschmacklich abgerundet werden.

Malz selbst darren oder kaufen?

Für Sie als Hobby-Brauer stellt sich die Frage, ob Sie Ihr Malz sel-
ber darren oder lieber im Fachhandel beziehen sollten. In der Regel ist die Antwort sehr einfach: Kaufen Sie Ihr Malz. Die Malzherstellung mit üblichen Haushaltsgeräten ist extrem zeitintensiv,
umständlich und teuer.

Um beispielsweise ein Farbmalz in Ihrem Backofen zu rösten, benötigen Sie insgesamt sechs bis sieben Stunden. In dieser Zeit läuft
der Herd praktisch auf Hochtouren und ist für andere Zwecke nicht

mehr einsetzbar. Vom Energieverbrauch einmal abgesehen, erzielen Sie mit den bescheidenen Steuerungsmöglichkeiten von Temperatur und Feuchtigkeit niemals die Qualität eines professionell zubereiteten Malzes.

Der Hopfen

Obwohl er mengenmäßig kaum eine Rolle spielt, ist der Hopfen ein besonders prägender Bestandteil des Bieres.

Kein Wunder: Der Hopfen übernimmt beim Bierbrauen gleich eine ganze Reihe von wichtigen Aufgaben. Seine Bitterstoffe geben dem Bier seine Bittere, das Hopfenöl verleiht ihm sein typisches Aroma und die Gerbstoffe helfen dabei, das Bier bei der Würzekochung zu klären. Darüber hinaus verbessert der Hopfen auch die Schaumbildung beim fertigen Bier und sorgt als natürliches Konservierungsmittel für die Haltbarkeit.

Der Hopfen ist eine Kletterpflanze aus der Familie der hanfartigen Gewächse. Seine Triebe werden in Hopfengärten an dünnen Drähten „aufgeleitet" und ranken sich bis zu sieben Meter empor. Geerntet wird von Ende August bis Mitte September. Für den Brauer ist nur die Dolde oder der Zapfen der weiblichen Hopfenpflanze interessant. Aus diesem Grund werden Hopfengärten auch als Frauenkloster bezeichnet. Die Dolde selbst besteht aus Stiel, Blättern und – auf der Innenseite – unzähligen kleinen, gelblichen, klebrigen Kügelchen, dem „Hopfenmehl" oder „Lupulin". Dieses Lupulin ist der eigentlich wertvolle Teil der Hopfenpflanze. Es enthält die für das Aroma und die Bittere verantwortlichen Substanzen.

Hopfen früher und heute

Die aromatischen Eigenschaften des Hopfens wurden nicht zu allen Zeiten gleich geschätzt. In seiner Wildform war die Pflanze bereits den Babyloniern und Ägyptern bekannt. Verwendet wurde sie jedoch kaum. Und auch bei uns in Deutschland versuchten die Menschen bis in das 16. Jahrhundert hinein, das Bier mit allerlei Rinden, Wurzeln, Kräutern und teilweise auch abenteuerlichen Substanzen wie Pech und Schimmelpilzen zu „verfeinern". Diese Biere wurden „Gruitbiere" (in Bayern auch „Gräwzzing") genannt. Ihrer Produktion bereitete das Bayerische Reinheitsgebot von 1516 dann allerdings ein jähes Ende. Die Beschränkung auf den Hopfen lag jedoch nicht an seinen besseren aromatischen Eigenschaften. Grund waren einzig und allein die gesundheitlichen Gefahren durch die erwähnten Zutaten.

Heutzutage ist die Brauerei ohne Hopfen gar nicht mehr denkbar. Für die Bierliebhaber sind die von dieser Pflanze in das Bier eingebrachten Geruchs- und Geschmackseindrücke durch nichts zu ersetzen. Bis heute sind rund 150 Einzelsubstanzen bekannt. Dazu gehören das Humulon (Alphasäure), das Lupulon (Betasäure), zahlreiche ätherische Hopfenöle, Gerbstoffe oder auch das Alkaloid Hopein, das maßgeblich für die beruhigende Wirkung des Hopfens verantwortlich ist.

Hopfenanbau

So wie der Hopfen den Charakter des Bieres prägt, so bestimmt er auch das Gesicht seiner Anbaugebiete. Eine der international bedeutendsten Hopfenregionen ist die Hallertau in Bayern. Der sanfthügelige Landstrich zwischen Freising, Ingolstadt und Kelheim, gilt mit etwa 17 500 Hektar als das größte zusammenhängende Hopfenanbaugebiet der Welt. Weitere bayerische Anbaugebiete finden sich in der Umgebung von Spalt und Hersbruck in Mittelfranken. Auf einer Gesamtfläche von etwas mehr als 18 000 Hektar produzieren diese Gebiete zusammen insgesamt rund 600 000 Zentner Hopfen pro Jahr und damit nahezu ein Drittel der Welthopfenernte. Nur ein Zehntel dieser Menge bleibt übrigens in Bayern. Beinahe 70 Prozent gehen in den Export. Ein Volumen, das die einzigartige Bedeutung und Qualität dieses Hopfens unterstreicht.

Bekannt für ihren hervorragenden Hopfen sind aber auch Tettnang, Rottenburg und Schwetzingen-Sandhausen in Baden-Württemberg. Flächenmäßig spielen diese Gebiete jedoch eine kleinere

Rolle. Insgesamt ist Deutschland mit gut 21000 Hektar Anbaufläche der größte Hopfenproduzent der Welt. Auf Platz zwei liegen die USA mit 18000 Hektar gefolgt von China mit etwa 8000 Hektar.

Dolden, Pellets und Extrakt

In Brauereien wird der Hopfen nur noch selten direkt als „Dolden-hopfen" verarbeitet. Sie als Hobby-Brauer können diese ursprüng-liche Methode selbstverständlich auch heute noch praktizieren und ausschließlich getrocknete Dolden beim Kochen Ihrer Würze verwenden. Andererseits stehen inzwischen verschiedene Hopfen-produkte zur Verfügung, die wesentlich leichter und angenehmer zu verarbeiten sind als ganze Dolden. Dabei unterscheidet man zwei Formen: Hopfenpulver und Hopfenextrakt.

Zur Herstellung von Hopfenpulver werden die Dolden zunächst tiefgekühlt und dann gemahlen. Die niedrigen Temperaturen sollen verhindern, daß sich die wertvollen Inhaltsstoffe bei der Verarbei-tung verflüchtigen. Die für die Bierproduktion wertlosen Bestand-teile wie Stiele und Doldenblätter werden hingegen teilweise ent-fernt. Aus dem so gewonnen Hopfenmehl entstehen dann in einer Presse sogenannte „Pellets" (kleine, leicht zu verarbeitende Hop-fenstückchen).

Auch bei der Produktion von Hopfenextrakt (häufig auch als „Hopfenauszüge" bezeichnet) führt der Weg zunächst über eine Mühle. Anschließend werden die Inhaltsstoffe aus dem Hopfenpul-ver „herausgewaschen". Dies geschieht unter hohem Druck in flüs-siger Kohlensäure (CO_2). Die Bitter- und Aromastoffe lösen sich da-bei, die unlöslichen Bestandteile (Stiele etc.) lassen sich entfernen.

Der Vorteil dieser Hopfenprodukte für den Hobby-Brauer be-steht vor allem in ihrer leichteren Dosierbarkeit. Bei dem relativ ge-ringen Bedarf an Hopfen (ca. 1 bis 3 Gramm Doldenhopfen pro Li-ter) können Sie mit diesen Produkten Über- oder Unterdosierungen leicht vermeiden. Zudem sind Pellets und Extrakte im Vergleich zum Doldenhopfen deutlich länger haltbar.

Trotzdem sollten Sie ihren Hopfen sehr behutsam lagern. Das heißt: bei etwa 0 °C, dunkel, trocken und vor allem luftdicht verpackt. Auf diese Weise verhindern Sie, daß die Bitterstoffe und Aromaöle Ihres Hopfens zu schnell altern und damit an Kraft verlieren. Am einfachsten ist das bei den auch vakuumverpackt erhältlichen Pellets. Länger als ein Jahr sollten Sie den Hopfen aber in keinem Fall aufbewahren. Das gilt vor allem für den Doldenhopfen, der innerhalb von zwölf Monaten bis zu 40 Prozent seines Brauwertes verliert.

Hopfenarten

Allgemein wird zwischen Bitterhopfen und Aromahopfen unterschieden. Die Wahl der Art und natürlich auch der Sorte (Anbaugebiet!) wirkt sich dabei entscheidend auf das Brauergebnis aus. Je nach Hopfen hat das Bier einen „hopfenblumigen", „hopfenbitteren" oder „hopfenaromatischen" Charakter. Bierkenner unterscheiden außerdem eine „feinherbe, leichte oder stärker betonte Hopfenbittere".

Der wertvollere und damit leider auch wesentlich teurere Hopfen ist der Aromahopfen. Die meisten untergärigen Biersorten nach Pilsener Art werden heute mit diesem Hopfen gebraut. Trotz der stark hopfenorientierten Würze dieser Biere sorgt der Aromahopfen für einen angenehmen und unaufdringlichen Geschmack.

Bitterhopfen hingegen weist einen deutlich höheren Gehalt an Alphasäure auf. Dieses Humulon, wie es auch genannt wird, prägt den Geschmack vor allem in Richtung Bittere.

Wirkungen des Hopfens beim Brauen

Der Hopfen beeinflußt nicht nur das Aroma des Bieres besonders positiv. Mit seinen Inhaltsstoffen ist er auch für eine Vielzahl anderer angenehmer Wirkungen verantwortlich. Für die Bierbrauer besonders wichtig ist seine antibakterielle Wirkung. Die Lupuline verhindern das Wachstum praktisch aller krankheitserregenden Keime. Aber auch die in der Brauerei so gefürchteten Milchsäurebakterien (dazu später mehr im Kapitel über Bierfehler) werden gehemmt.

Besonders gute Dienste leisten die im Hopfen enthaltenen Gerbstoffe. Sie unterstützen das Ausfällen von Eiweiß beim Kochen der Würze. Die Proteine verklumpen zu größeren Einheiten und können so leichter abgefiltert werden. Dadurch wird das Bier geklärt und die Stabilität insgesamt verbessert.

Hopfen aus dem eigenen Garten?

Auch beim Hopfen haben Sie natürlich die Möglichkeit, sich selbst zu versorgen. Entweder Sie ernten die frischen Hopfenblüten (Ende September, Anfang August) an wild wachsenden Hopfenpflanzen selbst oder Sie bauen den Hopfen im eigenen Garten an.

Beide Varianten klingen allerdings einfacher als sie sind. Zu einer erfolgreichen Hopfenernte gehört ein großes Maß an botanischen Kenntnissen und gärtnerischem Feingefühl. So sind, wie bereits erwähnt, nur die weiblichen Hopfenpflanzen zum Bierbrauen geeignet – und wer kennt die Pflanzen schon so ohne weiteres auseinander. Zudem erfordert der selbstangebaute Hopfen sehr viel Pflege, Düngung und damit Zeit. Für die allermeisten Hobby-Brauer ist es deshalb wesentlich sinnvoller, sich auch im Falle des Hopfens im Fachhandel zu versorgen.

Die Hefe

Bei der Hefe handelt es sich um ein einzelliges Kleinlebewesen, das für die Vergärung des Bieres verantwortlich ist. Hefe wandelt den in der Würze vorhandenen Malzzucker in Alkohol und Kohlensäure um. Die Hefe ist somit der „Geist des Bieres".

Die Hefe als „Fremdkörper"

Im Original des Bayerischen Reinheitsgebotes fällt auf, daß die Hefe dort überhaupt nicht erwähnt wird. Und das, obwohl es ohne sie unmöglich wäre, Bier herzustellen. Das liegt daran, daß die Hefe im Jahr 1516 nicht als „fremder Rohstoff" galt. Für die Menschen damals war sie eine Substanz, die erst beim Brauen selbst entsteht und sich dann beim Gärprozeß absondert. Nachdem das Prinzip der alkoholischen Gärung wissenschaftlich noch nicht erfaßt war, nahm man an, daß der Alkohol in gärungsfähigen Flüssigkeiten bereits vorhanden sei und durch die Gärung lediglich „sichtbar" werde. Die Gärung galt somit als eine Art „reinigender Vorgang", der unreine Substanzen (und als solche galt die Hefe damals) aus dem Alkohol abtrennte.

Aus diesem Grund gab es im Mittelalter auch keine gezielte „Impfung" der Würze mit Hefe. Der Gärprozeß kam – wenn überhaupt – nur zufällig in Gang. Die Brauer waren auf in der Raumluft vorhandene Hefesporen angewiesen, die sich von selbst in der Würze ansiedelten. Insofern ist es auch kein Wunder, daß ausgerechnet die Bäcker oft die besten, weil erfolgreichsten Brauer waren und diese beiden Handwerke deshalb häufig zusammen ausgeübt wurden. In der Luft der Backstuben waren immer reichlich Hefezellen vorhanden. Die Folge war in der Regel eine kräftige Gärung.

Die Intensität und der Verlauf der Gärung waren unter diesen Voraussetzungen jedoch kaum steuerbar. Oft genug machten „wilde Hefen" (verursachen unerwünschte Trübungen und Geschmacksveränderungen) das Bier ungenießbar. Dann war „Hopfen und Malz verloren", wie es uns als bekanntes und vielzitiertes Sprichwort überliefert ist.

Historie der Hefezucht

Heute wird die Hefe ausschließlich in Reinkulturen gezüchtet. Auf diese Weise können die Brauer gezielt diejenigen Stämme vermehren, die sie für ihr spezielles Bier einsetzen möchten. Die Reinzucht von Bierhefe ist übrigens eine vergleichsweise junge Technik.

Wir verdanken Sie den grundlegenden Forschungen des französischen Chemikers und Biologen Louis Pasteur (1822 bis 1895). In seinen 1876 veröffentlichten „Studien über das Bier" (Etudes sur la Bière) beschäftigte er sich ausführlich mit der Bedeutung von Mikroorganismen bei der Gärung. Darin zeigte er, daß diese überall um uns herum vorkommenden Organismen in zunächst keimfreie Substanzen gelangen und dort Fäulnisprozesse auslösen können. Die Arbeiten Pasteurs führten letztendlich zu der bis heute gültigen Erkenntnis, daß Reinheit und Hygiene neben der Qualität der Rohstoffe die wichtigsten Voraussetzungen für ein gutes Bier sind.

Der wahre „Urvater" der Hefe-Reinkulturen ist der dänische Chemiker und Botaniker Emil Christian Hansen (1842 bis 1909). Im Jahr 1881 gelang es ihm, einzelne Hefezellen zu isolieren und so erstmalig eine Reinkulturhefe zu vermehren. Seit dieser Entdeckung ist es möglich, absolut selektiv gezüchtete Hefen in der Brauerei einzusetzen und so ein gleichmäßiges Bieraroma zu erreichen.

Hefearten

Hansen war es übrigens auch, der als erster die unterschiedlichen Hefestämme beschrieb. Man unterscheidet dabei zwei große Gruppen: die obergärigen und die untergärigen Bierhefen. Namensgebend für beide Gruppen ist übrigens das unterschiedliche Verhalten bei der Gärung. Obergärige Hefen steigen im Verlauf der Gärung an die Oberfläche der Würze auf. Untergärige Hefen hingegen setzen sich am Ende der Gärung auf dem Gefäßboden ab.

Obergärige Hefen

Saccharomyces cerevisiae: Obergärige Hefen bilden bei ihrer Vermehrung Sproßverbände. Das heißt, die einzelnen Zellen bleiben auch nach ihrer Teilung aneinander haften. Die bei der Gärung entstehende Kohlensäure (CO_2) legt sich an den Sproßverbänden an und läßt sie nach oben steigen. Dadurch bildet sich an der Oberfläche eine dicke Schaumkrone, die sogenannten „Kräusen". Durch den Schaum ist das Bier während der Gärung gut gegen andere, unerwünschte Keime geschützt. Obergärige Hefen arbeiten bei Temperaturen zwischen 15 und 25 °C. Die Hauptgärung dauert 2 bis 3 Tage.

Untergärige Hefen

Saccharomyces carlsbergensis (wird heute meist als *Saccharomyces uvarum* bezeichnet): Untergärige Hefen setzen sich, wie bereits erwähnt, bei der Gärung am Boden ab. Durch die fehlenden Sproßverbände ist auf der Oberfläche des Jungbieres deutlich weniger Schaum zu sehen. Trotzdem bilden sich auch hier schützende Kräusen. Die untergärigen Hefen arbeiten bei 5 bis 10 °C und benötigen deshalb auch eine längere Hauptgärzeit. In der Regel beträgt diese rund eine Woche. Dafür bilden diese Hefen aber auch mehr Kohlensäure, von der sich aufgrund der niedrigeren Temperaturen auch mehr im Bier lösen kann. Untergäriges Bier schmeckt deshalb frischer und ist außerdem länger haltbar als obergärige Sorten.

Die Wirkung der Hefe

Die Hefe vergärt die Würze, also die im Brauwasser gelösten Bestandteile von Hopfen und Malz zu Bier. Dabei entstehen Alkohol, Kohlendioxid (Kohlensäure) und bis zu 300 flüchtige und nichtflüchtige Gärungsnebenprodukte. Dazu gehören höhere Alkohole, Ester, Aldehyde, Ketone, Schwefelverbindungen, Säuren und auch Farbstoffe. Mit der Wahl des Hefestammes und der Hefeart, der Gärtemperatur und der Ausreifung des Bieres können Sie auf die Bildung dieser Nebenprodukte großen Einfluß nehmen. Obergärige Hefen und höhere Gärtemperaturen führen zum Beispiel zu einer hohen Menge an Estern (Verbindungen aus Alkohol und Säure), die einen fruchtigeren Charakter im Bier ergeben.

Die Gärungsnebenprodukte haben jedoch nicht nur positive Eigenschaften. Neben dem Geschmack und dem Aroma beeinflussen die sogenannten „Fuselöle" auch die Bekömmlichkeit. Ein besonders unangenehmer Vertreter dieser Gruppe ist der Amylalkohol. Ab einer Konzentration von 40 Milligramm/Liter verursacht er Kopfschmerzen. Wie Hobby-Brauer diesen unangenehmen Nebeneffekt vermeiden können, erfahren Sie im Kapitel „Bierfehler".

Handelsformen der Bierhefe

Für das Brauen zu Hause wird die Bierhefe vom Fachhandel in drei verschiedenen Formen angeboten: als Trockenhefe, als Preßhefe oder als Flüssighefe. Welchen dieser Typen Sie bei sich einsetzen, hängt von der gewünschten Biersorte und ihrem zeitlichen Engagement fürs Bierbrauen ab.

Trockenhefe hat den Vorteil, daß sie sehr lange (bis zu einem Jahr) haltbar ist. Bevor Sie diese Hefe jedoch einsetzen können, müssen Sie die „ruhenden" Zellen erst wieder in Wasser zum Sprossen anregen. Auf den Packungen finden Sie genaue Hinweise zur Quellzeit, Wassermenge und für welche Menge Bier die Trockenhefe ausreicht.

Preßhefe ist ähnlich der Backhefe, wie Sie sie aus dem Lebensmittelgeschäft kennen. Diese Hefe muß dementsprechend auch im Kühlschrank gelagert werden und ist nur einige Wochen haltbar.

Die Flüssighefe schließlich ist eine mit Würze angesetzte Hefe. Im Kühlschrank ist die Flüssighefe bis zu einem Jahr haltbar. Sie kann ohne weitere Vorbehandlung eingesetzt werden. Die Zugabe sollte jedoch bei Gärtemperatur erfolgen. Bei obergärigen Biersorten muß die Flüssighefe deshalb zunächst angewärmt werden. Neben dem Fachhandel bekommen Sie diese Hefe auch in Brauereien. Dort erfahren Sie auch die für die speziellen „Haushefen" sinnvollen Dosierungen. Für 10 Liter Würze benötigen Sie in der Regel etwa 50 Milliliter dieser dickbreiigen Hefe.

Hefenachzucht

Da sich die Hefe beim Gärprozeß vermehrt, könnten Sie Ihre „Haushefe" theoretisch immer wieder zum Brauen einsetzen. Viele Hefezellen „ermüden" jedoch bei der Gärung.

Während die intakten Zellen in Schwebe bleiben, setzen sich die für Sie „greifbaren" im Jungbier oben oder unten (je nach Sorte) ab. Neben dieser negativen Selektion verschlechtern degenerative Prozesse die Qualität der Hefe insgesamt. Die Folgen sind ein möglicherweise schleppender Gärungsverlauf und nachteilige Auswirkungen auf den Geschmack. Aus diesem Grund sollten Sie die Hefe nur etwa drei- bis maximal viermal einsetzen. Der Fachmann spricht in diesem Zusammenhang von „Führungen". Ein wichtiger Faktor für die Gesunderhaltung der Hefe ist eine ausreichende Versorgung mit Sauerstoff. Das ist vor allem bei den untergärigen Bieren ein Problem. Obergärige Hefe kommt durch das Aufsteigen viel stärker mit Sauerstoff in Berührung und könnte deshalb rein theo-

retisch unbegrenzt geführt werden. Auch in diesem Fall sollten Sie die Hefe jedoch aus Sicherheitsgründen nie mehr als fünfmal einsetzen.

Um Verunreinigungen durch unerwünschte Keime (wilde Hefen etc.) zu vermeiden, ist es wichtig, auf peinliche Sauberkeit bei der Nachzucht der Hefe zu achten. Verwenden Sie nur saubere, möglichst ausgekochte oder im Backrohr bei etwa 120 °C desinfizierte Behälter. Wichtig ist es außerdem, die Gefäße nicht fest zu verschließen, da die Hefe auch bei der Lagerung geringe Mengen an Kohlensäure bildet.

Obergärig – untergärig?

Fast bis zum Ende des letzten Jahrhunderts wurden vor allem obergärige Biersorten gebraut. Und das aus gutem Grund. Die für untergärige Hefen notwendigen Gärtemperaturen zwischen 5 und 10 °C waren eigentlich nur in der kalten Jahreszeit zu gewährleisten. Viele Brauereien lagerten deshalb in den Wintermonaten gewonnenes Eis in riesigen Eiskellern ein. Diese Methode war jedoch sehr aufwendig und teuer. Die Bezeichnung „Märzenbier" stammt noch aus dieser Zeit. Damals bestand im März zum letztenmal die Gelegenheit, länger haltbares, untergäriges Bier zu brauen.

Das änderte sich erst mit der Erfindung der Ammoniak-Kältemaschine durch Carl Linde im Jahr 1877. Von dieser Zeit an war es möglich, untergärige Biersorten völlig unabhängig von der Jahreszeit zu brauen. In manchen Regionen wurde so das obergärige Bier fast völlig von den untergärigen Sorten verdrängt.

Für den Hobby-Brauer eignen sich noch heute vor allem die obergärigen Hefen. Die für diese Hefen notwendigen Gärtemperaturen um 20 °C lassen sich im Haushalt wesentlich leichter herstellen und kontrollieren als die 5 bis 10 °C für untergärige Sorten.

Das heißt allerdings nicht, daß Sie ganz auf untergäriges Bier verzichten müssen. Lediglich der Aufwand dafür ist um einiges größer. Für Gärung und Lagerung benötigen Sie einen ausreichend großen Kühlschrank, den Sie praktisch ausschließlich für Ihre Hausbrauerei reservieren müssen. Und damit sind wir schon beim nächsten Kapitel: den Gerätschaften für Ihre Privatbrauerei.

Ausrüstung und Zubehör

Die eigene Brauerei

Obwohl in modernen Brauereien viele Arbeiten computergesteuert und automatisiert sind, hat sich am Prinzip der Bierherstellung auch über die Jahrhunderte hinweg nicht viel verändert. Brauen ist auch in unserer hochtechnisierten Welt noch immer Handwerk. Ein Handwerk, das Sie deshalb auch bei sich zu Hause pflegen können.

Aus dem Sudkessel einer großen Brauerei wird bei Ihnen ein großer Kochtopf, ein Kochlöffel ersetzt das elektrische Rührwerk und eine Stoffwindel den Läuterbottich. Diese Miniaturisierung ist übrigens kein Rückschritt. Immerhin steht die Wiege der Brauerei an den Feuerstellen unserer Vorfahren. Erst aus diesen kleinen, bescheidenen Anfängen entwickelten sich die heutigen „Braufabriken". So gesehen kehren Sie mit Ihrer eigenen Hausbrauerei also nur zu den Wurzeln dieses interessanten und manchmal auch „berauschenden" Handwerks zurück.

Geräte für die Hausbrauerei

Was Sie dazu alles benötigen, das erfahren Sie jetzt. Das wichtigste vorneweg: Nehmen Sie sich genügend Zeit. Bierbrauen ist keine Angelegenheit, die mal eben schnell zwischen Arbeit und Feierabend erledigt werden kann. Für einige Arbeitsschritte brauchen Sie viel Geduld, für andere wiederum bleiben Ihnen oft nur wenige Minuten. Und manchmal geht es auch darum, bestimmte Temperaturen genau zu beobachten und nötigenfalls zu korrigieren. Aus diesem Grund ist es oftmals sehr hilfreich, einen Partner zur Seite zu haben. Laden Sie doch einfach ein paar Freunde und Bekannte zum Brauen ein. Natürlich dürfen diese Assistenten dann auch beim Verkosten des fertigen Biers mithelfen. So schmeckt das „Selbstgebraute" gleich doppelt so gut.

In der folgenden Liste können Sie sich zunächst einen Überblick verschaffen. Daraus erkennen Sie sofort, welche Gerätschaften Sie vielleicht schon besitzen und welche Sie noch benötigen:

Gerät	Zweck
1 Kochtopf (kein Aluminium) oder spezieller Brautopf, Volumen 20 bis 30 Liter	Maischen und Kochen der Würze
1 Packung pH-Indikatorpapier	Kontrolle des Brauwassers
1 Kochtopf, Volumen 10 bis 20 Liter	Wasser für Nachguß erhitzen
1 kleiner Stieltopf	Nachguß über Treber schütten
1 Einkochthermometer mit Kunststoffhülle, Temperaturbereich 0 bis 100 °C	Kontrolle der Maische-temperatur
1 Kochlöffel, Holz oder Plastik, Länge mindestens 50 cm	Umrühren der Maische und Würze
1 Fläschchen Jodlösung	Jodprobe (Kontrolle der Verzuckerung des Malzes)
1 Läuterbottich; alternativ: 1 großes Nudel- oder Gemüse-sieb, 2 bis 3 Baumwollwindeln und 1 großer Eimer (15 bis 20 Liter)	Abläutern (Filtern der Maische)
1 Schaumkelle	Abläutern, später: Gärschaum abheben
1 Meßzylinder (ca. 250 ml)	Spindelprobe
1 Bierwürzespindel	Würzegehalt messen
1 Schöpfkelle	Probe entnehmen
1 Waage (mit Anzeige im Grammbereich!)	Hopfen abwiegen
1 Industriefilter (Maschenweite 0,2 Mikro-meter) mit Trichter; alternativ: weitere 3 bis 4 Baumwollwindeln	Ausschlagen (Filtern) der Würze
1 Plastik- oder Metallwanne	Abkühlen der Würze
1 Gärgefäß (z.B. Mostfaß) mit Abflußhahn, Volumen min. 30 Liter	Hauptgärung
1 Gummi- oder Plastikschlauch, Länge ca. 2 m	Abfüllen des fertigen Bieres
1 Raumthermometer (Meßbereich: −10 bis +40 °C)	Kontrolle der Gär- und Lagertemperatur
20 bis 30 Bügelflaschen oder ähnliche Behältnisse	Nachgärung, Lagerung des Bieres

Soweit ein erster Überblick. Nun zu den wichtigsten Geräten und deren Verwendungszwecken im Detail.

Schrotmühle

Was in der vorstehenden Tabelle fehlt, ist eine Mühle für das Schroten des Malzes. Solche Spezialmühlen bekommen Sie im Hobby-Brauer-Fachhandel. Zur Not können Sie aber auch eine dafür ausgerichtete Küchenmaschine verwenden.

Wichtig: Die Maschine darf die Malzkörner nicht zu stark zerkleinern. Völlig ungeeignet für diesen Zweck sind daher Getreide- oder Kaffeemühlen. Diese Geräte würden das Malz „vermahlen" und durch die entstehende Hitze die darin enthaltenen Enzyme schädigen.

Für die Privatbrauerei zu Hause ist es ohnehin empfehlenswert, von vorneherein fertig geschrotetes Malz zu kaufen. Der Preis dafür liegt zwar im Vergleich zu den ganzen Malzkörnern etwas höher, dafür ist dieses Malz aber auch schonend geschrotet und hat genau die richtige Körnung.

Brautopf

Für das Kochen der Maische und der Würze eignet sich prinzipiell auch „Omas Einkochtopf". Wichtig ist lediglich, daß der Topf nicht aus Aluminium besteht oder verzinkt ist. Spuren dieser Metalle würden in die Maische bzw. Würze übergehen und dadurch die spätere Gärung stören.

Idealerweise besorgen Sie sich im Fachhandel einen elektrischen Brautopf. Diese kleinen „Sudkessel" verfügen über eingebaute Thermostate, mit denen Sie sich die Temperaturführung beim Brauen erheblich erleichtern können. Möglich ist auch der Einsatz von sogenannten Entsaftern, wie sie für die Zubereitung von Fruchtsäften verwendet werden. Diese ebenfalls elektrisch betriebenen Geräte haben wie die Brautöpfe eingebaute Thermostate und Zeitschaltuhren.

Damit können Sie die notwendigen Temperaturen und Rastzeiten beim Maischen beinahe schon automatisch regeln. Aber – noch einmal sei es gesagt – notwendig ist ein solch kostspieliges Gerät nicht. Mit ein paar Kniffen können Sie das Maischen auch ohne Thermostat sehr gut steuern.

Wenn Sie einen „normalen" Kochtopf verwenden, müssen Sie lediglich darauf achten, daß Ihnen eine möglichst starke Wärmequelle zur Verfügung steht. Dabei spielt es grundsätzlich keine Rolle, ob Sie einen Gas- oder Elektroherd verwenden. Als unterste Leistungsgrenze sind jedoch etwa 1500 Watt anzusehen. Anders formuliert: Beim Aufheizen der Maische muß eine Temperaturzunahme von 1 °C pro Minute möglich sein.

Ein Problem bei älteren Elektroherden: Die Heizplatten speichern sehr viel Wärme und geben diese auch nach dem Ausschalten noch an die Maische ab. Dadurch ist es unter Umständen schwierig, die Temperaturen exakt einzuhalten. In diesem Fall bleibt Ihnen leider nichts anderes übrig, als die Platten mit viel Fingerspitzengefühl rechtzeitig abzustellen. Nur so können Sie verhindern, daß Sie über die gewünschte Zieltemperatur hinausschießen. Machen Sie sich deshalb bei Ihren ersten Brauversuchen genaue Notizen und lassen Sie die Ansatzmengen gleich. Auf diese Weise haben Sie die Temperaturführung innerhalb kürzester Zeit genau im Griff. Und noch ein Tip: Ältere Kochtöpfe sind oftmals etwas verbogen. Achten Sie darauf, daß der Topfboden möglichst plan auf der Kochplatte aufliegt. So wird die Wärme optimal übertragen und Sie sparen Energie.

Gasherde oder auch große gasbetriebene Campingkocher bieten in diesem Zusammenhang einige entscheidende Vorteile. So können Sie bei diesen Herden auch Kochtöpfe mit welligen Böden verwenden. Außerdem lassen sich die Temperaturen durch einfaches An- oder Abschalten sehr genau steuern.

Läuterbottich

Das wahrscheinlich größte Problem beim Brauen zu Hause ist das Abläutern der Maische. Grundsätzlich können Sie dazu ganz einfach ein Nudel- oder Gemüsesieb verwenden. Der Haken an der Sa-

che: Die Löcher dieser Siebe sind natürlich viel zu groß, als daß die Würze damit ausreichend geklärt werden könnte. Zu diesem Zweck muß in das Sieb eine Baumwollwindel eingelegt werden. Wie Sie jedoch bald feststellen werden, verstopft der Treber sehr schnell die Poren der Windel. Die Würze fließt dann nicht mehr mit ausreichender Geschwindigkeit ab.

Als Alternative bekommen Sie im Fachhandel Industriefilter aus Kunststoff. Diese Filter sind wie Säcke bzw. Trichter genäht und können die bereits zuvor mit einem Nudelsieb grob vom Treber befreite Würze sehr gut klären. Der wichtigste Vorteil: Im Gegensatz zu den Windeln können Sie die Filter zwischendurch immer wieder bequem entleeren und somit den Durchsatz erhöhen. (Achtung: Vor dem Entleeren den Nachguß nicht vergessen!)

Eine weitere Möglichkeit ist eine selbst gebaute „Filteranlage" mit Hilfe eines umgekippten Stuhls. Spannen Sie dazu zunächst eine Schnur um die Enden der Stuhlbeine. In den so entstandenen Rahmen legen Sie ein bis zwei Baumwollwindeln und befestigen diese mit Wäscheklammern an der Schnur. Um die zu läuternde Maische aufnehmen zu können, muß die Baumwollwindel etwas durchhängen. Unter das Zentrum der Windel stellen Sie nun einen ausreichend großen Eimer für die geklärte Würze. Nun können Sie vorsichtig mit dem Abläutern beginnen. Mit dieser Methode steht Ihnen eine deutlich größere Filterfläche als beim Einsatz eines Nudelsiebs zur Verfügung.

Insgesamt gesehen sind jedoch alle eben beschriebenen Windelfilter nicht gerade optimal. Zu dem erwähnten Problem mit den verstopften Poren kommt zusätzlich eine oftmals wenig befriedigende Filterwirkung. Meist gelangen in die Würze zu viele Trubstoffe, die dann später die Gärung behindern und auch den Geschmack des Bieres negativ beeinflussen können.

Für Vielbrauer empfiehlt es sich deshalb, einen „richtigen" Läuterbottich einzusetzen. Den bekommen Sie in den unterschiedlichsten Varianten und Preislagen im Fachhandel. Sie können sich den Läuterbottich allerdings auch mit mehr oder weniger Aufwand selbst zusammenbauen.

Zunächst zum Prinzip eines Läuterbottichs: Das wichtigste Element ist ein gelochter Boden. Unterhalb dieses Bodens befindet

sich ein Ablaßventil über das die geklärte Würze entnommen werden kann. Beim Einfüllen der Maische sinken die festen Bestandteile ab und bilden dadurch einen natürlichen Filter. Durch diesen Treber-Filter sickert die Würze langsam nach unten und wird dabei geklärt. Im Vergleich zur Windelmethode lassen sich mit dieser Technik wesentlich bessere Ergebnisse erzielen.

Eine ganz einfache Variante eines solchen Läuterbottichs können Sie sich aus zwei simplen Plastikeimern selbst zusammenbauen.

Sie benötigen dazu zwei etwa 15 Liter große Eimer aus lebensmittelechtem Kunststoff und einen Abflußhahn mit dem dazu passenden Befestigungsmaterial. Erhältlich sind diese Teile in jedem Baumarkt. Zunächst bohren Sie in den Boden des einen Eimers möglichst viele Löcher im Duchmesser von etwa 1 bis 1,5 Millimetern. Achten Sie jedoch darauf, daß die Stabilität des Bodens nicht zu sehr darunter leidet. Ein Loch pro Quadratzentimeter ist ideal. Am zweiten Eimer befestigen Sie möglichst nahe am Boden den Abflußhahn. Wenn Sie nun den ersten Eimer in den zweiten stellen, ist ihr Läuterbottich bereits fertig.

Gärgefäß

Auch für das Gärgefäß gilt: Es muß nicht immer das teuerste High-Tech-Modell sein. Die aus der Weinkellerei bekannten Mostfässer aus Stahl oder Glas sind zwar hervorragend geeignet, aber leider auch nicht ganz billig. Eine Investition, die sich nur für Halbprofis lohnt. Wesentlich preisgünstiger ist es, wenn Sie sich einen Gärbehälter aus Kunststoff besorgen. Der Hobby-Brauer-Fachhandel bietet solche Behälter in den unterschiedlichsten Größen an. Besonders empfehlenswert ist der sogenannte „Meister-Keg". Dieses Faß besitzt ein Überdruckventil und bietet außerdem die Möglichkeit, CO_2 zuzuführen. Dadurch kann es auch für die Nachgärung und sogar die Lagerung verwendet werden.

Bastler können ihr Gärgefäß aber natürlich auch selbst herstellen. Besorgen Sie sich dazu in einem Baumarkt einen genügend großen Kunststoffkanister.

Wichtig: Das Gefäß muß unbedingt aus lebensmittelechtem Kunststoff bestehen, da sich sonst bei der Gärung gesundheitsschädliche Stoffe aus dem Plastik lösen können.

Geeignet sind beispielsweise Polyethylen-Behälter, ungeeignet hingegen Kanister aus PVC. Das Gärgefäß sollte über eine große, mit einem Deckel verschließbare Öffnung verfügen. Dadurch ist es leicht zu befüllen und anschließend auch wieder bequem zu reinigen. Idealerweise sollte der Kanister auch zwei stabile Tragegriffe haben. Wichtig ist, daß Sie den Behälter nicht zu klein wählen. Das Gärgefäß sollte in der Regel das doppelte Volumen Ihres Ansatzes aufweisen. Für 15 Liter Bier benötigen Sie also einen Behälter mit einem Fassungsvermögen von etwa 30 Litern.

Um diesen Kanister als Gärbehälter einsetzen zu können, müssen Sie nur noch (ähnlich wie beim Läuterbottich) einen Ablaufhahn zum Abfüllen des fertig gegorenen Biers installieren. Den Hahn bekommen Sie in der Regel ebenfalls im Baufachhandel oder aber in einem Aquariengeschäft. Bevor Sie den Behälter zum ersten Mal mit Bier befüllen, sollten Sie unbedingt überprüfen, ob der Ablaufhahn richtig sitzt. Nötigenfalls müssen Sie die Bohrung mit einem speziellem Kunststoffkleber abdichten. Schließlich können bei einer Gärdauer von mehreren Tagen auch wenige Tropfen pro Stunde einen insgesamt erheblichen Verlust des edlen Gerstensaftes bedeuten.

Bierspindel

Mit diesem für den Hobby-Brauer unentbehrlichen Gerät bestimmen Sie den Stammwürzegehalt Ihres Bieres. Gemessen wird damit, wieviel Zucker sich beim Maischen in der Würze gelöst hat. Je höher dieses sogenannte „spezifische Gewicht" ist, um so mehr Alkohol kann sich bei der Gärung bilden.

Aber Vorsicht: Glauben Sie nun ja nicht, daß Sie durch den Zusatz von Zucker die Stärke Ihres Bieres beliebig beeinflussen können. Der limitierende Faktor bei der Gärung ist nämlich nicht der Zuckergehalt, sondern die Hefe. Bei einer Alkoholkonzentration von mehr als sieben Prozent sterben die Hefezellen schnell ab.

Kühlschrank

Falls Sie sich auf untergärige Biersorten spezialisieren möchten, dann werden Sie kaum ohne einen eigenen Kühlschrank auskommen. Anders ist die rund eine Woche dauernde Gärung bei einer Temperatur zwischen 5 bis 10 °C kaum zu bewerkstelligen. Allerdings brauchen Sie natürlich kein neues Gerät.

Oft lohnt es sich, beim Elektrofachhandel nachzufragen. Eine Fundgrube sind auch die Tageszeitungen und regionalen Anzeigenblätter. Teilweise werden alte Kühlschränke sogar verschenkt. Achten Sie aber darauf, daß das Gerät groß genug ist, um den Gärbehälter aufzunehmen.

Apropos Größe: Zum Bierbrauen brauchen Sie genügend Platz. Eine allzu kleine Küche ist deswegen nicht unbedingt ideal. In diesem Fall sollten Sie sich überlegen, ob nicht vielleicht der Hobbyraum im Keller besser als Sudhaus geeignet ist.

Die Arbeitsräume

Brauen verursacht Schmutz. Eine Tatsache, die nicht verschwiegen werden darf.

Beim Schroten des Malzes etwa entsteht je nach verwendeter Mühle mehr oder weniger Staub. Ein besonderes Problem ist jedoch das Abläutern der stark zuckerhaltigen und damit klebrigen Maische. Es läßt sich kaum vermeiden, daß dabei auch einmal ein paar Tropfen daneben gehen. Wenn diese dann beispielsweise bei einem Elektroherd mit Cerankochfeldern einbrennen, lassen sie sich nur noch extrem schwer entfernen.

Denken Sie auch daran, daß der Brauvorgang die Küche für mehrere Stunden (4 bis 5) praktisch komplett blockiert. Auch diese Überlegung spricht eher für das „Sudhaus im Keller". Auf diese Weise müssen Sie das Bier zur Gärung nicht auch noch umständlich in einen anderen Raum transportieren. In Kellerräumen herrschen zudem – zumindest für obergärige Biersorten – schon von vornherein günstige Gärtemperaturen.

Bierflaschen

Mitentscheidend für den Erfolg beim Brauen zu Hause ist die Wahl der richtigen Flaschen. Diese müssen mehrere wichtige Qualitätskriterien erfüllen. Unentbehrlich ist vor allem ein druckfester Bügelverschluß. Nur so können Sie verhindern, daß beim Lagern die Kohlensäure aus dem Bier entweicht. Andere Verschlußtechniken, wie etwa selbst aufgebrachte Kronkorken, haben sich im Hobbybereich nicht bewährt.

Gut geeignet sind die von immer mehr Brauereien verwendeten 0,5-Liter-Pfandflaschen. Ein kleines Problem dabei sind allerdings die Gummidichtungen. Sie werden mit der Zeit morsch und sollten deshalb immer wieder rechtzeitig durch neue ersetzt werden. Prinzipiell können Sie auch Mineralwasserflaschen mit einer dicht schließenden Kunststoffkappe verwenden. Ganz optimal sind diese Flaschen allerdings nicht. Das gilt vor allem für Mineralwasserflaschen aus weißem Glas.

Weil starker Lichteinfall die Qualität des Bieres negativ beeinflußt, sollten die Flaschen am besten aus Braun- und nicht aus Grünglas sein. Grundsätzlich gilt: Je dunkler, desto besser.

Flaschen mit Bügelverschluß sind übrigens auch im Hobby-Brauer-Fachhandel erhältlich. Die bekommen Sie dort dann auch mit einem Inhalt von einem oder zwei Litern. Eine Investition, die sich durchaus lohnt. Mit diesen größeren Flaschen sparen Sie sich sehr viel Zeit beim Reinigen und auch beim Befüllen. Aus diesem Grund besonders interessant sind nachfüllbare Fünf-Liter-Fässer, die den weiteren Vorteil haben, daß sie beinahe unverwüstlich sind.

Der Brauvorgang

Nun aber endlich zum wichtigsten Kapitel dieses Buches: dem Brauen selbst. Die Bierherstellung läßt sich in fünf Abschnitte einteilen:

- Das Maischen
- Das Abläutern
- Das Würzekochen
- Das Gären
- Das Abfüllen, Nachgären und Lagern

Jede einzelne Phase enthält die unterschiedlichsten Handgriffe und Tätigkeiten. Auf den folgenden Seiten werden die Schritte eingehend erläutert und die Hintergründe im Detail erklärt. Für einen besseren Überblick finden Sie in jedem Abschnitt eine kurze Zusammenfassung in Tabellenform.

Brauen erfordert Zeit und Muße. Setzen Sie sich also – vor allem bei Ihren ersten Versuchen – nicht zu sehr selbst unter Druck. Auch wenn der eigentliche Brauvorgang nur wenige Stunden dauert, sollten Sie sich am besten einen ganzen Tag reservieren. Sinnvoll ist es auch, wenn Sie sich einen oder mehrere Freunde zum Mitbrauen einladen.

Ganz wichtig ist eine vernünftige Vorbereitung. Kontrollieren Sie zunächst, ob Sie auch tatsächlich alle notwendigen Geräte und Hilfsmittel bereitgelegt haben.

Hilfreich ist auch ein sogenanntes „Brauprotokoll". Einen Vorschlag, wie Sie ein solches Protokoll gestalten können, finden Sie im Kapitel mit den verschiedenen Bierrezepten.

Wie bei der Beschreibung der Zutaten erwähnt, benötigen Sie für Ihr Privatbier unter Umständen auch ein „Privatwasser". In diesem

Fall beginnen die Vorbereitungen bei Ihnen bereits einen Tag vor dem eigentlichen Brauprozeß. Falls Ihr Leitungswasser nicht den Anforderungen für das Bierbrauen entspricht, müssen Sie es – wie beschrieben – zunächst enthärten.

Sehr wichtig ist es auch, den pH-Wert zu kontrollieren und gegebenenfalls einzustellen. Optimal ist ein Wert um 5,5. Nur so können die Enzyme das Malz in eine für die Hefezellen verwert- und damit vergärbare Würze umwandeln.

Eine besondere Rolle beim Bierbrauen spielt die Hygiene (Dazu später mehr im Kapitel über Bierfehler). Spülen Sie alle Geräte und Behälter vor dem Start gründlich mit heißem Wasser aus (Kein Spülmittel!). Sie vermeiden so unangenehme Überraschungen beim späteren Gärvorgang.

Kurz vor dem Maischen ist auch die richtige Zeit, um eventuell die Hefe zu aktivieren. Bei Flüssighefe ist dieser Arbeitsschritt nicht notwendig. Sollten Sie jedoch Trockenhefe verwenden, dann müssen Sie diese zunächst in Wasser lösen und mit ein wenig „Futter" zum Arbeiten anregen. Sie nehmen dazu eine Tasse mit abgekochtem und dann auf etwa 20 °C abgekühltes Wasser, verrühren darin einen Teelöffel Zucker und die Hefe und lassen die Lösung eine Zeitlang abgedeckt stehen. Nach etwa zwei Stunden zeigen sich im Wasser kleine Bläschen. Daran können Sie erkennen, ob die Hefezellen aktiv sind. Sollte das nicht der Fall sein, müssen Sie unbedingt einen neuen Beutel mit Trockenhefe ansetzen. Legen Sie sich also am besten einen kleinen Vorrat dieser ohnehin sehr gut lagerfähigen Hefe an. Wie gesagt, bei Flüssighefe (etwa aus eigenen Brauansätzen) ist die Aktivierung in der Regel nicht notwendig.

Das Maischen

Grundprinzip des Maischens

Ziel des Maischens ist es, die im Malz enthaltene Stärke aus dem Schrot zu lösen und mit Hilfe der malzeigenen Enzyme in vergärbaren Zucker umzuwandeln. Dieser Prozeß funktioniert über eine

Arbeitsschritte: Maischen	Dauer/Zeitaufwand
Malz in das auf 35 bis 50 °C erwärmte Brauwasser (Hauptguß) einrühren	Rührzeit: 20 Minuten
Einweißrast: Temperatur unter häufigem Umrühren langsam auf 45 bis 55 °C erhöhen und konstant halten	Haltezeit: 15 bis 25 Minuten
Maltoserast: Temperatur unter ständigem Umrühren langsam auf 64 °C erhöhen und konstant halten	Haltezeit: 30 bis 45 Minuten
1. Verzuckerungsrast: Temperatur unter ständigem Umrühren langsam auf 72 °C erhöhen und konstant halten	Haltezeit: 30 bis 45 Minuten
1. Jodprobe: Kontrolle der Umwandlung von Stärke in Zucker	Arbeitszeit: 5 Minuten
1. Verzuckerungsrast gegebenenfalls verlängern	Haltezeit: 10 Minuten
2. Verzuckerungsrast: Temperatur je nach Rezeptur auf 76 bis 78 °C erhöhen und konstant halten	Haltezeit: 20 bis 30 Minuten
2. Jodprobe: Nach-Kontrolle der Verzuckerung	Arbeitszeit: 5 Minuten
	Gesamtzeit: ca. 2 bis 3 Stunden

schrittweise Erwärmung der Maische und eine damit einhergehende, stufenweise Aktivierung unterschiedlicher Enzyme. Die genaue „Führung" des Maischens ist deshalb so entscheidend, weil jedes Enzym seine maximale Wirkung bei einer ganz bestimmten Temperatur entfaltet. Diese Idealwerte liegen im Bereich zwischen 35 und 78 °C. Bei höheren Temperaturen werden die Enzyme zerstört.

Die im Malz enthaltene Stärke besteht übrigens aus zwei unterschiedlichen Kohlenhydraten: der Amylose und dem Amylopektin. Stärkeabbauende Enzyme (Alpha- und Beta-Amylase) zerlegen die Amylose und das Amylopektin in verschiedene Zuckerarten. Hauptsächlich entsteht vergärbarer Malzzucker (Maltose). Daneben werden aber auch einige unvergärbare Zucker gebildet.

Wie im Kapitel über die Zutaten erwähnt, empfiehlt es sich bereits fertig geschrotetes Malz aus dem Fachhandel zu verwenden. Sie erhalten dort ein qualitativ hochwertiges Malz, das eine optimale Körnung aufweist und schonend (das heißt ohne zu starke Erwärmung) geschrotet wurde. So vermeiden Sie Probleme beim Abläutern und Nachteile bei der Extraktausbeute. Eine zu grobe Körnung beispielsweise verschlechtert die Ausbeute an Stärke. Zudem ist ein solches Malz als „natürlicher Filter" ungeeignet, weil zu viele Maischepartikel durch den Treber gespült werden. Zu fein geschrotetes Malz hingegen kann sich negativ auf den Geschmack des Bieres auswirken und den Läuterbottich verstopfen.

„Fachbegriffe" beim Maischen

Wie beim Brauen allgemein gibt es auch beim Maischen ein paar Grundbegriffe, die jeder „Hobby-Braumeister" beherrschen sollte.

Die für einen Sud verwendete Malzmenge heißt „Schüttung", die dafür notwendige Menge an Brauwasser „Guß". Dieser Guß unterteilt sich in den „Haupt-" und den „Nachguß". Die insgesamt beim Maischen gewonnene Lösung nennt der Braufachmann „Vorderwürze". Ausgerüstet mit diesem „Fachwissen" können Sie sich nun ganz beruhigt und locker an die Zubereitung Ihrer (ersten?) Maische machen.

Einmaischen

Der erste große Arbeitsschritt beim Brauen ist das Einmaischen des Malzes.

Dabei wird der Hauptguß mit dem Malzschrot im Verhältnis von etwa 4:1 vermischt. Diese Relation ist jedoch nicht immer gleich und richtet sich nach der zu brauenden Biersorte. Bei dunkleren Bieren benötigen Sie pro Kilogramm Malzschrot maximal 3 bis 3,5 Liter Brauwasser im Hauptguß. Bei helleren Sorten können es hingegen auch einmal 5 Liter sein.

Erhitzen Sie den Hauptguß in Ihrem großen Kochtopf zunächst auf die für die jeweilige Rezeptur vorgesehene Einmaisch-Temperatur von 35 bis 50 °C. Um die Abkühlung durch das hinzugegebene Malzschrot auszugleichen, darf die Temperatur zu Beginn auch einige Grade höher liegen (max. 5 bis 10 °C!). Idealerweise halten

Sie stets etwas heißes und kaltes Brauwasser bereit, um mögliche Schwankungen der Temperatur sofort korrigieren zu können. Das ist sehr wichtig, weil schon in diesem Stadium verschiedene Enzyme aktiv sind.

Rühren Sie das Malz etwa 20 Minuten lang gründlich ein. Dazu eignet sich am besten der lange Koch- bzw. Bierlöffel. Die ständige Bewegung ist notwendig, um einerseits das Anbrennen des Malzes am Topfboden zu verhindern und andererseits die für das Brauen wertvollen Bestandteile besser zu lösen.

Mit dem Einmaischen legen Sie also sozusagen den Grundstein für Ihr späteres Bier. Nur bei einer fachgerecht vorbereiteten Maische können die drei sich anschließenden biochemischen Prozesse korrekt ablaufen: Die Eiweißrast, die Maltoserast sowie die erste und die zweite Verzuckerungsrast. Deshalb – auch wenn's manchmal schwer fällt – übereilen Sie bitte nichts und halten Sie die in den Rezepturen angegebenen Zeiten und Temperaturen auch tatsächlich exakt ein.

Eiweißrast

In dieser Phase des Maischprozeßes zerlegen Enzyme die größeren Eiweißverbindungen des Malzes (Proteine) in kleinere Einheiten (Peptide und Aminosäuren). Bei den Enzymen handelt es sich um (nur der Vollständigkeit halber) sogenannte Endopeptidasen und Exopeptidasen (zum Beispiel Carboxypeptidasen oder Aminopeptidasen). Am Werk sind aber auch bereits zuckerabbauende Enzyme wie Endo-Glucanasen. Diese Begriffe aus der Biochemie sind für Sie als Hobby-Brauer natürlich kein notwendiges Wissen. Ganz sicher aber können Sie damit Ihre Freunde und eventuellen Brauhelfer zutiefst beeindrucken.

Spaß beiseite: Die Eiweißrast hat selbstverständlich eine enorme Bedeutung für das spätere Bier. Sie entscheidet über die Klarheit und Vollmundigkeit, aber auch über die Schaumstabilität und das Kohlensäurebindungsvermögen.

Die besondere Kunst des Braumeisters besteht nun darin, die Eiweißrast und die Wärmezufuhr mit sehr viel Feingefühl zu steuern. Die Enzyme dürfen weder zuviel noch zuwenig Zeit für ihre Ar-

57

beit bekommen. Bei einer zu kurzen Einwirkzeit werden nicht genügend Proteine zerlegt. Die Folge: Die Hefezellen leiden bei der späteren Gärung unter einer Eiweiß-Mangelernährung, da ihnen die Peptide und Aminosäuren fehlen. Arbeiten die Enzyme jedoch zu lange, dann müssen Sie bei Ihrem Bier möglicherweise auf eine schöne Schaumkrone verzichten.

Aus diesem Grund sollten Sie alle möglichen Fehlerquellen soweit wie möglich ausschließen. Dazu gehört zum Beispiel, daß Sie immer das Malz bzw. Malzschrot eines bestimmten Herstellers oder einer bestimmten Brauerei in Ihrer Nähe verwenden. Damit können Sie Schwankungen in der Qualität und daraus resultierende Probleme weitestgehend vermeiden. Eine Garantie ist das aber freilich nicht. Die für das Malz verwendete Gerste ist ein Naturprodukt und unterliegt damit selbstverständlich den unterschiedlichsten Einflüssen, wie etwa Klimaschwankungen, Düngung oder Erntezeit.

Was Sie aber auf jeden Fall im Griff haben, das sind die Parameter Zeit und Temperatur bei der Eiweißrast: Erwärmen Sie die Maische unter ständigem Rühren pro Minute um 1 °C. Wenn die im Rezept angegebene Temperatur von 35 bis 55 °C erreicht ist, muß sie für 15 bis 25 Minuten konstant gehalten werden. Rühren Sie die Maische immer wieder um und kontrollieren Sie die Temperatur.

Achtung: Ab 60 °C wird es für die Peptidasen gefährlich. Sollten Sie mit der Temperatur tatsächlich einmal etwas zu weit nach oben geraten, müssen Sie den Brautopf sofort von der Flamme oder der Herdplatte nehmen oder gegebenenfalls etwas kaltes Brauwasser zugeben.

Nach der Eiweißrast folgt die sogenannte Maltoserast. Genaugenommen sind die einzelnen Phasen allerdings gar nicht so exakt zu trennen.

Der Grund: Bei den Arbeitstemperaturen der unterschiedlichen Enzyme sind die Übergänge natürlich fließend. So ist bei der Eiweißrast beispielsweise auch bereits das Enzym Saccharase aktiv. Ab ca. 40 °C spaltet es das Disaccharid (Doppelzucker) Saccharose („Haushaltszucker") in die beiden Monosaccharide (Einfachzucker) Glukose und Fructose.

Maltoserast

Die Maltoserast ist der für den späteren Alkoholgehalt des Bieres wichtigste Abschnitt des Maischens. Je länger die Rast ist, um so mehr leichter vergärbare Zuckermoleküle (unter anderem Maltose, deshalb „Maltoserast") werden gebildet. Auch hier gilt es allerdings, den goldenen Mittelweg zu finden. Bei einer kürzeren Maltoserast entsteht zwar weniger Maltose, dafür bleiben aber mehr Dextrine (Abbauprodukte der Stärke) erhalten. Diese etwas größeren Moleküle machen das Bier vollmundiger.

Verantwortlich für den Abbau der Stärke zu Maltose und anderen vergärbaren Zuckern ist in dieser Phase die β-Amylase (sprich: Beta-Amylase). Daneben sind aber auch die uns bereits aus der Eiweißrast bekannten Endopeptidasen und Carboxypeptidasen noch eine Zeitlang aktiv. Der Eiweißabbau spielt nun aber kaum noch eine Rolle. Für uns entscheidend ist jetzt ohnehin nur β-Amylase. Ihr Temperaturoptimum liegt bei 64 °C. Und genau das sollten wir diesem Enzym auch bieten.

Für die Maltoserast wird die Temperatur wiederum schrittweise um 1 °C pro Minute erhöht. Rühren Sie die Maische dabei ständig und kräftig um. Das ist wichtig, weil in der Nähe des Topfbodens natürlich wesentlich höhere Temperaturgrade erreicht werden als im Durchschnitt der Würze. Dadurch kann die β-Amylase leicht geschädigt werden. Bereits ab 65 °C verliert das Enzym an Kraft, bei 70 °C schließlich wird es inaktiviert. Das Rühren hat aber auch noch einen weiteren Sinn. Sie können damit den Wärmeübergang von der Heizplatte auf die Würze deutlich verbessern und so letztlich sehr viel Energie sparen.

Je nach Rezept müssen Sie die 64 °C unter weiterem Rühren zwischen 30 und 45 Minuten konstant halten. In dieser Phase ist das Thermometer Ihr wichtigstes Arbeitsgerät.

Erste Verzuckerungsrast

Wie bereits erwähnt, besteht die im Malz enthaltene Stärke aus zwei unterschiedlichen Kohlenhydraten: der Amylose und dem Amylopektin. Während die β-Amylase für die Amylose zuständig ist, spal-

tet die in der ersten Verzuckerungsrast aktive β-Amylase das Amylopektin in verschiedene Zuckerarten auf. Hauptsächlich bilden sich dabei kaum vergärbare niedere Dextrine und Oligosaccharide (das sind langkettige Zuckermoleküle aus bis zu 10 Monosacchariden, die für die Hefezellen leider nicht verwertbar sind). Bei einer längeren Dauer entstehen bei der ersten Verzuckerungsrast aber auch noch Maltose und Glucose. Voraussetzung dafür ist wiederum eine exakte Temperaturführung.

Erhöhen Sie die Temperatur zunächst unter ständigem Rühren pro Minute um 1 °C auf 72 °C. Je nach Rezeptur müssen Sie diesen Wert nun zwischen 30 und 45 Minuten konstant halten. Gelegentliches Umrühren verhindert auch in diesem Fall eine Überhitzung der Maische. β-Amylase wird bei Temperaturen über 75 °C geschädigt und ab 80 °C zerstört.

Jodprobe

Spätestens nach der ersten Verzuckerungsrast sollte in der Maische keine Stärke (das heißt keine Amylose und kein Amylopektin) mehr vorhanden sein. Kontrollieren können Sie das mit der sogenannten Jodprobe. Leider läßt sich damit nicht feststellen, ob und in welcher Menge sich vergärbare Zucker aus der Stärke gebildet haben. Die Jodprobe ist also nur ein indirekter, aber dennoch absolut ausreichender Gradmesser für die Qualität des Maischeprozeßes.

Die für die Probe notwendige Jodlösung bekommen Sie im Hobby-Brauer-Fachhandel. Sie können dafür aber auch eine in der Apotheke erhältliche Lösung zur Wunddesinfektion einsetzen (zum Beispiel „Betaisodona").

Für den Test geben Sie einige Tropfen Würze (keine festen Bestandteile) auf eine weiße Untertasse. Nach einer kurzen Abkühlphase fügen Sie ein bis zwei Tropfen der Jodlösung hinzu. Färbt sich die Probe blau oder rot, dann ist noch Stärke vorhanden. In diesem Fall sollten Sie die Verzuckerungsrast um etwa 10 Minuten verlängern. Erst wenn sich dann bei einer weiteren Jodprobe eine braune oder gelbe Verfärbung zeigt, hat sich genügend Stärke in Zucker umgewandelt.

60

Unter Umständen bleibt die Gelbfärbung aber auch bei einer deutlich verlängerten Verzuckerungsrast aus. Ursache hierfür kann das Malz selbst sein. Möglicherweise wurde es zu lange gelagert. Dann waren keine bzw. nicht mehr genug Enzyme für die Umwandlung der Stärke vorhanden.

Unter Umständen hat sich aber auch bei der Temperaturführung ein Fehler eingeschlichen. Deshalb an dieser Stelle noch einmal der Rat: Messen Sie möglichst oft und zwar immer ein gutes Stück unterhalb der Oberfläche. Wichtig ist auch das kräftige Umrühren. So vermeiden Sie einen für die Enzyme schädlichen Hitzestau am Topfboden.

Zweite Verzuckerungsrast

Bei manchen Biersorten ist es sinnvoll, den Extraktgehalt durch eine zweite Verzuckerungsrast noch ein Stück zu erhöhen. Der Gewinn an Zucker spielt trotz der Bezeichnung dieser Phase allerdings kaum eine Rolle. Sinn und Zweck ist es in erster Linie, das Bier durch zusätzlich gelöste, aber unvergärbare Inhaltsstoffe etwas vollmundiger zu machen.

Erhöhen Sie die Temperatur noch einmal auf 76 bis 78 °C und halten sie diese für 20 bis 30 Minuten. Umrühren nicht vergessen. Danach können Sie mit einer zweiten Jodprobe noch mal die Verzuckerung kontrollieren. In der Regel werden Sie jedoch keine deutliche Veränderung gegenüber der ersten Probe feststellen können.

Andere Maischverfahren

Neben dem eben beschriebenen „Infusionsverfahren" gibt es verschiedene weitere Maischmethoden mit diversen Variationen. Alle diese Verfahren sind jedoch relativ aufwendig und deshalb für das Brauen zu Hause nur bedingt geeignet. Bei den sogenannten „Dekoktionsverfahren" wird ein Teil (meist ein Drittel) der Maische abgetrennt, separat erhitzt und der restlichen Maische erst später wieder beigemischt. Mit diesem Verfahren ist zwar eine deutlich höhere Extraktausbeute erreichbar, das Ergebnis steht jedoch in keinem Verhältnis zum deutlich höheren Aufwand.

Das Abläutern

Mittlerweile hat sich in Ihrem „Sudhaus" ein angenehm aromatischer Brauereigeruch ausgebreitet. Mit fertigem Bier hat die Maische in Ihrem Topf aber natürlich noch nichts zu tun. Bis es soweit ist, sind noch einige weitere Arbeitsschritte notwendig. Der nächste ist das sogenannte „Abläutern". Darunter versteht man das Trennen der Dickmaische in ihre flüssigen (Würze) und ihre festen (Treber) Bestandteile.

Beim Abläutern bleibt zunächst noch sehr viel Extrakt, aber auch vergärbarer Zucker im Treber zurück. Diese Bestandteile werden mit weiterem Brauwasser, dem sogenannten „Nachguß", ausgespült. Der Fachmann spricht in diesem Zusammenhang vom „Anschwänzen" des Trebers. Der Nachguß hat aber noch einen weiteren Sinn: Durch das zusätzliche Brauwasser wird die bislang noch stark konzentrierte Würze auf den für die jeweilige Biersorte gewünschten Wert verdünnt.

Die Läutertechnik

Wie Sie die Dickmaische auftrennen, hängt entscheidend von der Wahl Ihres „Filters" ab.

Wenn Sie einen Läuterbottich verwenden, ist es sinnvoll, zunächst die festen Bestandteile (Treber) in den Bottich zu schütten. Verwenden Sie dazu einen Stieltopf oder eine Schaumkelle. Auf diese Weise entsteht der im Kapitel über die Arbeitsgeräte beschriebene „Treberfilter". Danach können Sie die Bierwürze aus dem Brautopf vorsichtig (Treber dabei nicht zu stark aufwirbeln) hinterherschütten. Die klärende Wirkung des Läuterbottichs wird so ein gutes Stück verbessert.

Beim Einsatz eines „Windelfilters" sollten Sie die Dickmaische zunächst durch ein Nudel- oder Gemüsesieb schütten. Die Windeln oder Industriefilter müssen dann nur noch kleinere Teilchen zurückhalten und verstopfen deshalb nicht so rasch. Dadurch kann die Würze besser und vor allem schneller durch die Windeln ablaufen.

Arbeitsschritte: Abläutern	Dauer/Zeitaufwand
Maische über Läuterbottich oder Filtersystem in Vorderwürze und Treber trennen	Filterzeit: 1 bis 1,5 Stunden
Während des Abfilterns ca. 10 Liter Brauwasser für Nachguß erhitzen (78 bis 80 °C)	Vorbereitungszeit: 5 Minuten; sonst keine Extrazeit: läuft nebenbei
Abgeläuterte Vorderwürze in den gereinigten Brautopf zurückschütten und auf Siedetemperatur erhitzen	Vorbereitungszeit: 5 Minuten; sonst keine Extrazeit: Erwärmung läuft nebenbei
Nachguß: Erhitztes Brauwasser über die Maische im Läuterbottich bzw. Filter schütten	Arbeitszeit: 30 Minuten
Die beim Nachguß gewonnene Würze in den Brautopf schütten	Arbeitszeit: 5 Minuten
Würzegehalt mit Bierspindel prüfen und eventuell mit Brauwasser einstellen	Arbeitszeit: 5 Minuten
	Gesamtzeit: ca. 2 Stunden

Eine zweite Möglichkeit ist es, die Würze zu „dekantieren", das heißt, sie vorsichtig über die Topfkante abzugießen. So bleibt der Treber zum größten Teil im Brautopf zurück. Diese Methode ist jedoch sehr anstrengend und umständlich und daher nicht empfehlenswert.

Bevor Sie nun den Treber für den Nachguß vorbereiten, können Sie die eben gewonnene Würze bereits für die Würzekochung auf Siedetemperatur aufheizen. Dadurch sparen Sie sehr viel Zeit und Energie. Die Würze wird dazu in den zuvor gereinigten Brautopf zurückgegossen und auf den Herd gestellt.

Nachguß

Auch hier gibt es bei der Vorgehensweise wieder einige Unterschiede zwischen Läuterbottich und Windelfilter.

Beim Läuterbottich liegt der gesamte Treber ziemlich kompakt am gelochten Boden des Behälters. Bevor Sie den Nachguß über den Treber schütten, sollten Sie ihn zunächst vorsichtig lockern. Damit reduzieren Sie erheblich die Durchlaufzeit des Nachgusses.

Zudem kann das Brauwasser leichter die noch im Treber enthaltenen Zuckerrückstände auswaschen.

Wenn Sie einen Windelfilter verwenden, dann haben Sie ja einen Teil des Trebers mit dem Nudelsieb abgetrennt. Vor dem Nachguß müssen Sie zunächst auch diese Portion im Windelfilter verteilen. Um eine optimale Extraktausbeute zu erreichen, sollte idealerweise die gesamte Filteroberfläche mit Treber bedeckt sein.

Wichtig: Lassen Sie das Wasser vor dem weiteren Nachschütten zunächst immer vollständig ablaufen und lockern Sie auch bei dieser Methode den Treber zwischendurch immer wieder ein wenig auf. Damit vermeiden Sie Extraktverluste und vor allem lange Durchlaufzeiten.

Für den Nachguß benötigen Sie pro Kilogramm Malzschüttung je nach Rezeptur zwischen 3 und 5 Liter Brauwasser. Bei einer Biermenge von 10 Litern sind das also 6 bis 10 Liter. Entscheidend ist die richtige Temperatur.

Die sollte beim Durchlauf möglichst nicht unter 60 °C fallen, weil die Löslichkeit der wertvollen Maltose bei niedrigeren Werten sehr stark abnimmt. Auf der anderen Seite darf der Nachguß aber auch nicht zu heiß sein. Oberhalb von 78 °C löst sich aus dem Treber unverzuckerte Stärke, die später im Bier Trübungen verursacht.

Der Treber ist übrigens kein Abfall. Vor allem in kleineren Gasthausbrauereien wird er oft zum Brotbacken verwendet. Dieses meist kostenlose Hausbrot erfreut sich in der Regel großer Beliebtheit.

Wenn Sie selbst zum Brotbacken keine Muße haben, dann können Sie den Treber auch als Hühnerfutter verwenden. Große Brauereien beispielsweise haben immer Verträge mit Landwirten und Mastbetrieben, von denen der Braurückstand als wertvolles Viehfutter sehr geschätzt wird. Ansonsten gehört der Treber auf den Kompost oder in die Biotonne.

Wenn Sie mit dem Anschwänzen fertig sind, geben Sie die zusätzlich gewonnene Würze zu Ihrer inzwischen bereits kochenden Vorderwürze in den Brautopf. Danach ist es Zeit den Würzegehalt zu überprüfen.

Würzegehalt

Der Würzegehalt gibt an, wieviel Gramm Zucker aber auch andere Verbindungen pro Kilogramm Würze gelöst sind.

Gemessen wird der Gehalt mit der Bierspindel. Sie entnehmen dazu ein wenig Vorderwürze aus dem Brautopf und befüllen damit ihren Meßzylinder (250 ml) zu etwa drei Vierteln. Bierspindeln sind alle auf eine bestimmte Meßtemperatur geeicht. In der Regel sind das 20 °C. Vor der Messung muß die Würze deshalb in einem Wasserbad abkühlen.

Anschließend setzen Sie die Bierspindel vorsichtig in den Meßzylinder ein. Wenn die Spindel schließlich nicht mehr auf- und abtanzt und ruhig in der Flüssigkeit schwimmt, können Sie den Würzegehalt in Gewichtsprozenten auf einer Skala ablesen. (Zur Kontrolle: Bei reinem Wasser müßte die Spindel „0" anzeigen).

Je nach Rezept liegt der Würzegehalt zwischen 11 und 17 Prozent. Bei höheren Werten können Sie den Würzegehalt mit etwas Brauwasser korrigieren. Liegt der Wert zu niedrig können Sie das überschüssige Wasser beim anschließenden Würzekochen wieder verdampfen lassen.

Das Würzekochen

Die mögliche Regulation der Würzekonzentration (man spricht nun vom „Stammwürzegehalt") ist nur eine von sieben wichtigen Funktionen des Würzekochens. Hier die einzelnen Aufgaben im Überblick:

◆ Verdampfen von überschüssigem Wasser
◆ Denaturierung (= Zerstörung) der Malzenzyme
◆ Sterilisierung der Würze
◆ Koagulation (Ausscheidung) von gerinnbaren Eiweißstoffen
◆ Lösung der Hopfenwertbestandteile
◆ Bildung von farbgebenden Substanzen
◆ Ausdampfen von unerwünschten, flüchtigen Substanzen

Die noch beim Maischen so wichtigen und wertvollen Enzyme sind nun überflüssig geworden. Genaugenommen könnten sie sich jetzt sogar als störend erweisen. Damit die Enzyme das Gleichgewicht der Würze nicht mehr beeinflussen, werden sie beim Würzekochen „denaturiert", das heißt zerstört.

Das Kochen eliminiert aber auch eventuell in die Würze geratene Keime wie Bakterien oder Pilze. Das ist für eine einwandfreie Gärung sehr wichtig. Störend wirken sich in diesem Zusammenhang auch die in der Würze enthaltenen Eiweißstoffe aus. Sie behindern die Hefezellen und damit die Alkoholbildung. Zudem bekommt das Bier durch zuviel Eiweiß einen unerwünscht bitteren und breiten Geschmack. Durch das Erhitzen koagulieren (verklumpen) die Proteine zu größeren Einheiten und können dann als sogenannter „Bruch" am Ende der Würzekochung abgefiltert werden.

Über die Lösung und Wirkung der Hopfenbestandteile beim Würzekochen werden Sie in einem eigenen Abschnitt gleich mehr erfahren. Zunächst noch kurz die weiteren Aufgaben des Kochvorgangs:

Mit zunehmender Kochzeit wird die Würze dunkler. Und das hängt nicht nur mit einem eventuellen Wasserverlust zusammen. Aus Zucker und stickstoffhaltigen Verbindungen (Proteine, Peptide) bilden sich „Maillardprodukte". Das sind chemische Verbindungen, die sehr aroma-, aber vor allem farbintensiv sind. Wir kennen diese Substanzen alle vom Backen, Braten oder von der Kaffeeröstung.

Die siebte Funktion des Würzekochens schließlich ist das Ausdampfen flüchtiger Substanzen. Bei jedem Kochprozeß mit einer Mischung der unterschiedlichsten Stoffgruppen (Eiweiß, Zucker, Fette etc.) entstehen auch sehr viele unerwünschte Substanzen. In der Brauerei besonders gefürchtet ist das Dimethylsulfid. Es ist für einen der häufigsten Aroma- bzw. Bierfehler verantwortlich. Durch zuviel Dimethylsulfid riecht das Bier unangenehm nach Zwiebeln.

Bestimmen Sie zunächst die Ausgangsmenge Ihrer Würze. Dazu können Sie beispielsweise Ihren Brautopf innen mit einer Skala versehen. Wesentlich einfacher ist es aber, den Koch-/Bierlöffel entsprechend zu präparieren. Danach lassen Sie die Würze maximal zwei Stunden lang sprudelnd kochen. Auf einen Deckel sollten Sie übrigens verzichten. Mit dem in die Würze zurücktropfenden Kon-

Arbeitsschritte: Würzekochen	Dauer/Zeitaufwand
Menge der Würze bestimmen (mittels Maßeinteilung im Kochtopf oder am Kochlöffel)	Arbeitszeit: 1 Minute
Würze erhitzen und sprudelnd kochen lassen	Kochzeit: 1 bis 2 Stunden
Kurz nachdem die Würze angefangen hat zu sprudeln: Bitterhopfen zugeben	Arbeitszeit: 5 Minuten
Kurz vor Ende der Kochzeit: Aromahopfen zugeben	Arbeitszeit: 5 Minuten
Am Ende der Kochzeit: Menge der Würze bestimmen und das verdampfte Wasser ersetzen, Stammwürzegehalt messen	Arbeitszeit: 1 Minute
	Arbeitszeit: 5 Minuten
	Gesamtzeit: ca. 2 Stunden

densat würden auch die unerwünschten Substanzen, die eigentlich beim Kochen ausgetrieben werden sollen, wieder in die Würze zurückfließen. Der durch das offene Kochen entstehende Energieverlust ist im Vergleich dazu das kleinere Übel.

Achtung: Vor allem zu Beginn neigt die Würze leicht zum Überkochen, weil die Eiweißstoffe noch nicht denaturiert sind und deshalb stark schäumen. Bleiben Sie in dieser Phase also in der Nähe. Das ist sowieso notwendig, weil nach etwa 10 Minuten Kochzeit der erste Hopfen zugegeben werden muß.

Hopfenzusatz

Wie bereits im Kapitel über die Rohstoffe erwähnt, hat der Hopfen die unterschiedlichsten Aufgaben im Bier. Er ist zuständig für das Aroma, er unterstützt die Koagulation und damit die Entfernung unerwünschter Proteine (Eiweißstoffe) und er sorgt für eine längere Haltbarkeit.

Die dafür verantwortlichen Inhaltsstoffe werden bei der Würzekochung aus dem Hopfen gelöst. Hopfen ist aber nicht gleich Hopfen. Grundsätzlich unterscheidet man zwischen Bitterhopfen und Aromahopfen. Beide haben – wie die Namen schon andeuten – völlig verschiedene Aufgaben und werden dementsprechend auch zu unterschiedlichen Zeitpunkten der Würze zugegeben. Der Bitterhopfen etwa kommt bereits nach einer kurzen Ankochphase von etwa 10 Minuten in die Würze. Der frühe Zeitpunkt ist wichtig, weil die für den Bitterhopfen charakteristische Alpha-Säure erst nach einer längeren Kochzeit ihre Wirkung richtig entfalten kann. Sie wird dabei von der Alpha- in die Iso-Alpha-Säure überführt, von der sich bei einem pH-Wert von 5,0 bis zu 2000 Milligramm pro Liter Würze lösen. Brauereien erreichen bei einer Kochzeit von ca. 90 Minuten zwischen 40 und 50 Prozent Ausbeute an Iso-Alpha-Säure. Zu Hause müssen wir uns mit 20 bis 30 Prozent begnügen.

Der Gehalt an Alpha-Säure ist der Gradmesser für die „Bittere" eines Bieres und dient damit als wichtiger Anhaltspunkt für die einzusetzende Menge des Hopfens.

Der Aromahopfen hingegen wird erst ganz kurz vor Ende der Kochzeit zugesetzt. Bei diesem Hopfen kommt es vor allem auf den Gehalt an Hopfenölen, Weich- und Hartharzen an. Zusammen mit der Bittere durch die Alpha-Säure und dem Malzaroma runden diese Substanzen den Geschmack des Bieres ab.

Dosierung des Hopfens

Entscheidend für ein „gelungenes" Bier ist die richtige Dosierung des Hopfens. Das ist nicht immer ganz einfach. Wie jedes Naturprodukt unterliegt auch seine Qualität gewissen Schwankungen. Je nach Anbaugebiet, Jahrgang oder auch Lagerzeit besitzt der Hopfen mal mehr und mal weniger Kraft. Um die Hopfenzugabe nicht zum Lotteriespiel zu machen, sollten Sie die für Ihr Bier benötigte Menge möglichst genau berechnen. Folgende Eckdaten sind dabei wichtig:

◆ Der Gehalt an Alpha-Säure im Hopfen in Prozent
◆ Die vorgesehene Biermenge in Litern
◆ Die angestrebte Bittere Ihres Bieres
◆ Die Menge an Iso-Alpha-Säure in Prozent

Der Alphasäuregehalt des Hopfens wird von den Herstellern gewöhnlich auf der Verpackung vermerkt. Die vorgesehene Menge Ihres Bieres ist klar. Die angestrebte Bittere hingegen reine Ge-

Zutaten

Obere Reihe, von links nach rechts:
Farbmalz, Weizenmalz, Gerstenmalz

Untere Reihe, von links nach rechts:
Trockenhefe obergärig, Hopfenpellets,
Hopfenöl im Röhrchen,
Flüssighopfen in Spezialverpackung,
getrockneter Naturhopfen/Dolden,
Trockenhefe untergärig

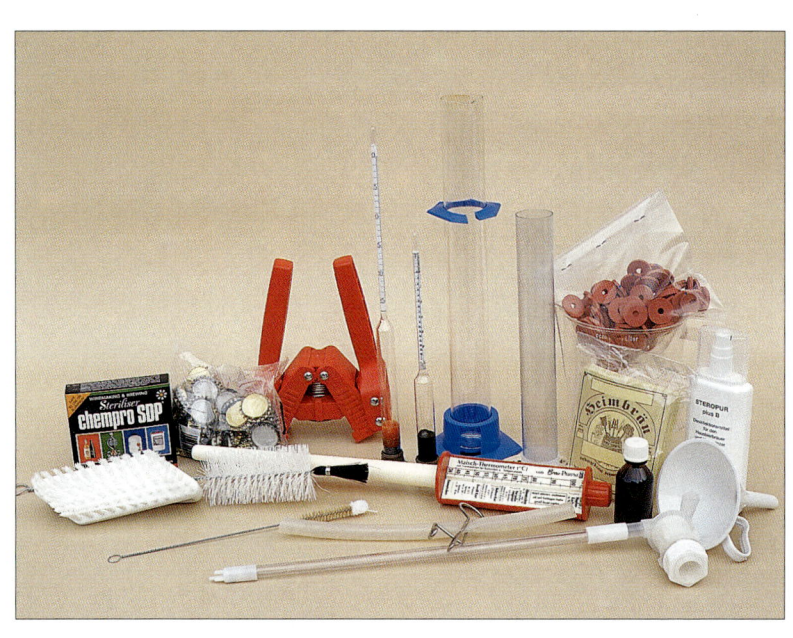

Zubehör

Im Hintergrund von links nach rechts:
Spezialbürste zum Reinigen von Fässern, Reinigungs- und
Desinfektionsmittel, Kronenkorken, Kronenkorken-Hand-
verschließer, Bierspindeln, Spindelzylinder, gummierte Etiketten,
Gummidichtungen für Bügelverschluß-Flaschen, Reinigungsspray

Im Vordergrund von links nach rechts:
Flaschenbürste, Tüllenbürste, Spezialthermometer mit Angabe der
Rasttemperaturen und -zeiten, Jod-Lösung, Abfülltrichter,
Flaschenabfüllrohr mit Stop-Automatik

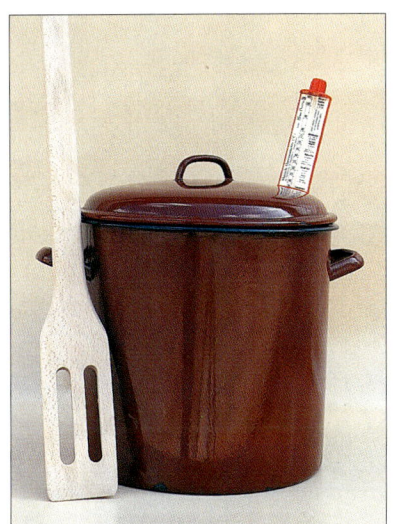 

Zubehör

Linkes Bild:
Für einfaches Brauen: Omas Einkochtopf
mit Maischeholz und Maische-Thermometer

Rechtes Bild:
Elektrische Maisch- und Sudpfanne
mit Auslaufhahn, Zeit- und Temperatursteuerung,
Maischesackgitter (kein Anbrennen des Trebers) und
Maischesack (das Umrühren entfällt damit).

Lagerbehältnisse für selbstgebrautes Bier

Im Hintergrund:
Spezialfaß mit Überdruckventil und
der Möglichkeit, CO_2 zuzuführen

Im Vordergrund, von links nach rechts:
2-Liter- und 1-Liter-Bügelverschlußflasche,
nachfüllbares 5-Liter-Faß,
Bügelverschlüsse aus Kunststoff
und Porzellan

schmackssache. Eine Übersicht zum Bitterstoffgehalt verschiedener Biere finden Sie im Anschluß an das Berechnungsbeispiel. Die Menge an gelöster Iso-Alpha-Säure hängt von der Kochzeit und dem pH-Wert der Würze ab.

Als Faustformel können Sie sich merken:
1 Stunde Kochzeit = 20 Prozent; 2 Stunden Kochzeit = 30 Prozent.

Mit der folgenden Formel können Sie die erforderliche Menge Hopfen berechnen:

$$\frac{\text{Bittereeinheiten (BE)} \times \text{Liter Bier} \times 10}{\text{Prozent Alphasäure} \times \text{Prozent Iso-Alpha-Säure}} = \text{Hopfenmenge in Gramm}$$

Beispiel: Sie wollen ein Pils mit 35 BE brauen, vorgesehene Biermenge: 20 Liter, Kochdauer: 2 Stunden (= 30 Prozent Iso-Alpha-Säure), zur Verfügung steht außerdem Bitterhopfen (zum Beispiel „Brewers Gold" oder „Nathan Brewer") in Form von Pellets mit 3 Prozent Alphasäure. Daraus ergibt sich folgende Berechnung:

$$\frac{35 \text{ BE} \times 20 \text{ Liter} \times 10}{10 \text{ Prozent} \times 30 \text{ Prozent}} = 23,3 \text{ Gramm Hopfenpellets}$$

Achtung: Mit dieser Berechnung wird nur die Menge an Bitterhopfen ermittelt, der gleich zu Beginn des Kochvorgangs zugesetzt wird. Der Zusatz von Aromahopfen (zum Beispiel Hallertauer oder Tettnanger) geschieht davon unabhängig kurz vor Ende der Würzekochung und hängt ganz von Ihrem persönlichen Geschmack ab.

In der Regel werden Sie jedoch mit einer einzigen Hopfengabe bei Kochbeginn auskommen. Falls Sie Aromahopfen zusetzen möchten, sollte die Menge bei etwa 10 Prozent des Bitterhopfens liegen.

Grundsätzlich ist die Unterscheidung zwischen Bitter- und Aromahopfen für die Hobby-Brauerei nicht unbedingt notwendig. Der im Fachhandel angebotene Hopfen ist meist Aromahopfen, der dennoch – wie sein bitterer Verwandter – gleich zu Beginn zugesetzt werden kann und sollte. Bei manchen Rezepten müssen Sie jedoch

eine Teilmenge (rund ein Viertel) als „echten" Aromahopfen zu-
rückbehalten und erst am Ende in die Würze geben. Die anderen
drei Viertel werden wie Bitterhopfen eingesetzt.

Bitterstoffgehalt

Noch ein Wort zu den Bittereeinheiten (abgekürzt BE oder auch
IBU). Sie sind ein Maß dafür, wie bitter ein Bier ist. Je höher, desto
bitterer. Eine Bittereeinheit entspricht etwa einem Milligramm Iso-
Alpha-Säure pro Liter Bier.

Anhand der folgenden Tabelle bekommen Sie einen Überblick
über die durchschnittlichen BE-Werte verschiedener Biere.

Biersorte	Iso-Alpha-Säure in mg/l = BE
Untergärige Biere:	
Pils	25 bis 45
Export (hell)	20 bis 30
Export (dunkel)	15 bis 25
Märzen	20 bis 25
Bock (hell)	20 bis 40
dunkle Starkbiere	25 bis 30
Lager (hell)	5 bis 20
Obergärige Biere:	
Weizen (Weißbier)	10 bis 20
Kölsch	15 bis 35
Alt	30 bis 60 (!)

Während die Würze rund zwei Stunden vor sich hinköchelt, beschränkt sich Ihre Arbeit im Prinzip auf die Dosierung der richtigen
Wärmezufuhr. Die Würze soll sprudeln, aber nicht überkochen. Mit
etwas Fingerspitzengefühl haben Sie das sicherlich sehr schnell im
Griff.

Nutzen Sie die Koch- bzw. Wartezeit und bereiten Sie schon einmal alles für den nächsten Arbeitsschritt vor: das Ausschlagen.

Das Ausschlagen

Arbeitsschritte: Ausschlagen	Dauer/Zeitaufwand
Geräte gründlich mit heißem Wasser säubern	Kann bereits während der Würzekochung geschehen
Brautopf vom Herd nehmen und im Wasserbad kurz ruhen lassen	Ruhezeit: 5 bis 10 Minuten
Ausschlagwürze über einen Filter in den Gärbehälter füllen	Arbeitszeit: 20 Minuten
Gärbehälter luftig abdecken und in einem kalten Wasserbad auf Gärtemperatur abkühlen	Kühlzeit: je nach Kühlvorrichtung 1 bis 1,5 Stunden
Zur Belüftung die Anstellwürze immer wieder mit einem sauberem Kochlöffel umrühren	jeweils 1 Minute
	Gesamtzeit: ca. 2 Stunden

Beim Ausschlagen passieren zweierlei Dinge: Die Würze, man nennt sie jetzt „Ausschlagwürze", wird gefiltert und auf Gärtemperatur abgekühlt. Dazu benötigen Sie wieder Ihren – sorgfältig gereinigten – Windel- oder Industriefilter sowie eine geeignete Vorrichtung zum Kühlen. Die Hygiene spielt ab jetzt übrigens eine entscheidende Rolle. Die Ausschlagwürze ist nicht nur ein idealer Nährboden für unsere Bierhefe, sondern auch für eine ganze Reihe unangenehmer Mikroorganismen wie Milchsäurebakterien oder wilde Hefen. Alle Geräte sollten deshalb vor dem Gebrauch gründlich mit heißem Wasser ausgespült oder abgewaschen werden. Das gilt auch für die Filter. Der Einsatz von Spülmitteln oder Haushaltsreinigern ist übrigens absolut tabu. Reste dieser Mittel würden die Gärung stören und/oder das Bier geschmacklich beeinträchtigen.

Durch die Koagulation von Stickstoffverbindungen hat sich beim Kochen der Würze der sogenannte „Heiß-" oder „Kochtrub" gebildet. Aber auch, wenn sich die Zusammensetzung liest wie der Streifzug durch ein Chemiebuch – bei der Flüssigkeit in unserem Brautopf handelt es sich noch immer um die Vorstufe zu einem Lebensmittel. Der Heißtrub besteht zu 50 bis 60 Prozent aus Eiweiß, zu etwa 20 Prozent aus anderen organischen Stoffen (vor allem Polyphenole), 15 Prozent des Heißtrubs sind Bitter- und Gerbstoffe und

5 Prozent bestehen aus Mineralstoffen und Kohlenhydraten, Substanzen, die im Bier nichts verloren haben, da sie – wie mehrfach erwähnt – für erhebliche Probleme sorgen können.

Heißtrub entfernen

Nehmen Sie den Brautopf vom Herd und setzen Sie ihn in ein kaltes Wasserbad. Bei elektrischen Brautöpfen müssen Sie die Ausschlagwürze natürlich zunächst in einen anderen Topf umgießen. Geeignet als Wasserbad ist beispielsweise Ihre Bade- oder eine ausreichend große Plastikwanne. Rühren Sie nun kräftig um und versetzen Sie die Würze dabei in Rotation. Danach müssen Sie die Würze einige Minuten stehen lassen. Durch die Drehung der Würze setzt sich der Heißtrub in der Mitte des Brautopfs ab. Man spricht dabei vom sogenannten Whirlpool-Effekt.

Aber Achtung: Bei der kleinsten Bewegung löst sich die kegelförmige Ablagerung des Kochtrubs wieder auf. Um also bereits von vornherein möglichst wenig Heißtrub mit in den Filter zu geben, müssen Sie die Würze besonders vorsichtig mit einer großen Kelle oder einem Stieltopf abschöpfen.
Vorsicht: Die Würze ist noch immer sehr heiß. Sie können sich leicht damit verbrühen.

Die Teilchen im Kochtrub haben eine Größe von lediglich 30 bis 80 Mikrometer. Um eine vernünftige Filterwirkung zu erzielen, müssen Sie die vorher ausgekochten Windeln mehrfach (2- bis 4fach) falten. Ideal für das Ausschlagen (= Filtern) sind Industriefilter mit einer entsprechend kleinen Porengröße. Im Hobby-Brauer-Fachhandel bekommen Sie diese Filter auch unter der Bezeichnung „Würzesiebbeutel".

Ihren Filter stecken Sie in einen Trichter und diesen wiederum in die Öffnung Ihres ebenfalls sorgfältig gereinigten Gärgefäßes. Wichtig ist, daß Sie sich für das Ausschlagen nicht zu lange Zeit nehmen. Die abkühlende Ausschlagwürze ist vor allem im Temperaturbereich zwischen 30 und 20 °C sehr anfällig für unerwünschte Keime.

Wenn sich Ihr Topf geleert hat, bleibt eine schmierig-grünliche Masse zurück, der Hopfentreber. Wenn Sie möchten, können sie die darin noch enthaltene Würze mit ein wenig siedendem Wasser auslaugen. In der Regel ist es jedoch sinnvoller, den Treber zu verwerfen, um eventuelle Pannen beim Filtern zu vermeiden.

Abkühlen der Ausschlagwürze

Für diesen Arbeitsschritt ist Ihr Einfallsreichtum gefordert. Weil die Würze ja möglichst schnell abgekühlt werden muß, sollten Sie sich eine geeignete Kühlvorrichtung basteln. Grundsätzlich gibt es zwei Möglichkeiten: Entweder Sie kühlen die Würze von außen oder aber die Würze selbst. Sie können Ihr Gärgefäß zum Beispiel in Ihre teilweise gefüllte Badewanne stellen. Da sich das Wasser jedoch sehr schnell erwärmt, ist es notwendig, für einen genügend großen Kühlwasserdurchlauf zu sorgen. Bewerkstelligen können Sie das mit eigentlich für Duschkabinen vorgesehenen Stöpseln. Diese Verschlüsse in Form eines etwa 10 bis 15 Zentimeter langen Rohres sind für Fußbäder in den Duschen gedacht.

Die Stöpsel sorgen dafür, daß der Wasserspiegel in der Badewanne (oder in der Dusche) nicht höher als die erwähnten 15 Zentimeter steigen und gleichzeitig immer wieder kühles Wasser nachfließen kann. Sofern Ihre Badewanne groß genug ist, können Sie natürlich auch eine Plastikwanne hineinstellen. In diese Wanne kommt der Brautopf und außenherum der Duschschlauch. Auf diese Weise erreichen Sie ebenfalls einen kontinuierlichen Austausch des Kühlwassers. Eine weitere Methode, um das Wasserbad zu kühlen, ist der Einsatz von Eiswürfeln oder Kühlakkus.

Sie können jedoch auch direkt die Würze abkühlen. Füllen Sie dazu sorgfältig gespülte und gewaschene Getränkeflaschen aus Kunststoff mit Salzwasser und legen Sie diese in die Gefriertruhe. Um die Flaschen jedoch tatsächlich direkt in die Würze geben zu können, müssen sie komplett gefüllt sein. Damit vermeiden Sie, daß sich die ansonsten in der Flasche vorhandene Luft ausdehnt und der Verschluß damit unter Umständen undicht wird. Aus hygienischen Gründen ist die zuletzt beschriebene Methode allerdings nicht unbedingt zu empfehlen. Auch eine noch so gut abgewaschene Flasche ist nicht steril und transportiert deshalb Keime in die Würze. Überhaupt sollten Sie die Ausschlagwürze sprichwörtlich wie ein „rohes Ei" behandeln. Decken Sie das Gärgefäß mit einem sauberen Tuch ab. So vermeiden Sie, daß sich Mikroorganismen aus der Luft in der Würze ansiedeln können.

Schließlich ist sie für die Bierhefe reserviert. Damit sich die Hefezellen darin so richtig wohlfühlen, muß die Würze belüftet werden. Bierhefe ist ein „fakultativ anaerober" Organismus, das heißt, sie kann auch ohne Sauerstoff existieren. Lediglich für den Start der Gärung benötigt sie ein ausreichend großes Sauerstoffangebot in der Würze. Die Umwandlung von Malzzucker in Alkohol und Kohlensäure läuft ohne Sauerstoff ab. Gegen Ende der Abkühlphase müssen Sie die Würze deshalb mit Ihrem Kochlöffel immer wieder kräftig umrühren. Dadurch löst sich wieder Sauerstoff in der durch das Kochen praktisch sauerstoffrei gewordenen Würze.

Kühltrub

Beim Abkühlen trübt sich die Würze übrigens mehr oder weniger stark ein. Machen Sie sich deshalb aber keine Sorgen. Hervorgerufen wird diese Trübung durch den sogenannten „Kühltrub". Dabei fallen noch einmal kleinste Teilchen aus der Würze aus. Sie sind jedoch so klein (0,5 bis 1,0 Mikrometer), daß sie mit einem Ihnen zur Verfügung stehenden Filter nicht vollständig zu entfernen sind. Der Kühltrub ist zwar nicht gerade erwünscht, stört in der Hausbrauerei aber nicht allzusehr.

Gärtemperatur

Je nach gewünschter Biersorte müssen Sie die Würze jetzt auf die richtige Gär- bzw. Anstelltemperatur einstellen. Aus der Ausschlagwürze wird somit übrigens die „Anstellwürze" (Zugabe der Hefe = „anstellen"). Obergärige Hefen benötigen Temperaturen zwischen 15 und 25 °C, untergärige zwischen 5 und 10 °C.

Mit dem „Geist des Bieres", der Hefe, „verwandelt" sich der klebrig-süße Malzsaft nun endlich in richtiges Bier. Die einzelnen Phasen bis zu einem schäumenden und berauschenden Gerstensaft erläutert der nächste Abschnitt. Darin erfahren Sie auch, was Sie bei der Gärung speziell beachten müssen.

Das Gären

Die alkoholische Gärung ist keineswegs ein Liebesdienst der Hefe für die Bierfreunde. In Wahrheit dient sie den Sproßpilzen dazu, Energie zu gewinnen. Bei der Umwandlung von Zucker in Alkohol und Kohlensäure setzen die Hefezellen dadurch auch eine erhebliche Menge an Wärme frei.

Die Gärung ist eine erstaunliche Leistung der Hefen. Vor allem, wenn man bedenkt, daß die Zellen in der Würze nicht gerade optimale Bedingungen vorfinden. Das Brauwasser beispielsweise enthält entweder zu viele störende Stoffe (Nitrat) oder zu wenige lebenswichtige Spurenelemente (Zink). Ganz zu schweigen von den Gärtemperaturen: Normalerweise mögen es die Hefezellen durch-

Arbeitsschritte: Gären	Dauer/Zeitaufwand
Messen der Stammwürze	10 Minuten
Hefe zugeben und Würze durch Umrühren belüften	10 Minuten
Gärbehälter an einen Ort mit konstanter Temperatur stellen	10 Minuten
Bei Beginn der Hauptgärung (nach ca. 8 Stunden) Probe zur Bestimmung des Endvergärungsgrades entnehmen	10 Minuten
Hauptgärung	2 bis 3 Tage (obergärig) 5 bis 7 Tage (untergärig)
Braune Hefeflecken auf dem Gärschaum entfernen	Täglich
Nach 6 bis 10 Tagen (je nach Sorte) Extraktgehalt prüfen und mit Endvergärungsgrad vergleichen	10 Minuten
Am Ende der Hauptgärung: Gärdecke (untergärig) bzw. Hefezellen (obergärig) von der Oberfläche entfernen	10 Minuten
	Gesamtzeit: 3 bis 7 Tage

aus ein wenig wärmer. Ein Problem ist auch der Alkohol. Das eigene Stoffwechselprodukt hemmt die Hefe ab einer gewissen Konzentration (6,5 Prozent) bei der Vermehrung und wirkt sogar toxisch. Um ein frisches und wohlschmeckendes Bier zu erhalten, sollten Sie „Ihren" Hefen die „Arbeit" deshalb so angenehm wie möglich gestalten.

Anstellen

Prüfen Sie noch einmal den Stammwürzegehalt, geben Sie dann die für Ihre Biermenge abgemessene Hefelösung zur Anstellwürze und rühren sie kräftig um. (Die Handelsformen der Hefe sowie ihre An- und Nachzucht wurden bereits im Kapitel über die Rohstoffe ausführlich besprochen.) Um die Würze gut zu belüften, sollten Sie das Umrühren in den ersten Stunden mehrfach wiederholen. Nach dem Anstellen müssen Sie das Gärgefäß zur Vermeidung von Infektionen mit wilden Hefen und anderen störenden Keimen sofort verschließen. Die Art des Verschlusses richtet sich nach dem Hefe- bzw. Biertyp. Für obergärige Biersorten genügt als „Deckel" im Grunde ein Handtuch. Bei untergärigen Bieren sollten Sie den Gärbehälter dicht verschließen.

Aber Achtung: Die bei der Gärung entstehende Kohlensäure muß ungehindert entweichen können.

Für untergärige Sorten ideal geeignet sind deshalb Behälter mit Gärröhrchen. Solche Behälter finden Sie unter der Bezeichnung „Mostfaß" oder „Gäreimer" im Fachhandel für Hobby-Brauer und -Winzer. Ersatzweise können Sie aber auch den Deckel ihres „normalen" Gärbehälters anbohren (2 bis 3 mm) und das Loch mit einem Klebestreifen locker verschließen.

Optimale Gärtemperaturen und ihre Kontrolle

Bis zum Einsetzen der Hauptgärung vergehen nun einige Stunden. Transportieren Sie den Gärbehälter vorher an einen Ort mit möglichst konstanter (Ideal-)Temperatur. Für obergärige Sorten genügt dafür in der Regel ein Kellerraum. Allerdings: Wie vorhin bereits erwähnt, wird bei der Gärung auch Energie in Form von Wärme freigesetzt. Die Temperatur der Würze kann dadurch im Vergleich zur Raumtemperatur um einige Grade ansteigen. Ist dies der Fall, müssen Sie die Temperatur mit einer leichten Kühlung von außen wieder auf das Optimum einstellen. Bei untergärigen Bieren reicht der Gang in den Keller oft nicht mehr aus. Die für diese Sorten erforderliche Gärtemperatur zwischen 5 und 10 °C läßt sich (außer vielleicht im Winter) nur mit einem großen Kühlschrank erreichen.

Grundsätzlich gilt: Orientieren Sie sich bei der Gärführung eher am unteren Temperaturlimit.

Höhere Werte beschleunigen zwar die Hauptgärung, verursachen aber ein trübes, bitteres Bier mit schwacher Schaumkrone. Bei deutlich erhöhten Temperaturen sterben die Hefezellen unter Umständen sogar ab. Niedrigere Temperaturen hingegen machen das Bier unempfindlicher gegen unerwünschte Mikroorganismen und verbessern die Kohlensäure-Bindung. Unter 4 °C sollten Sie jedoch niemals gehen. Auch wenn sie keine höheren Lebewesen sind: Hefezellen können regelrecht „frieren". Auf zu niedrige Temperaturen reagieren sie recht empfindlich mit „Bummelstreiks", das heißt mit einer deutlich verzögerten Gärung. Unter Umständen stellen sie ihre Arbeit sogar völlig ein. In diesem Fall müssen Sie die Temperatur vorsichtig erhöhen.

Stadien der Gärung

Grundsätzlich unterteilt sich die Umwandlung von Zucker in Alkohol in eine Haupt- und eine Nachgärung. Die Dauer ist abhängig vom Biertyp. Obergäriges Bier vergärt in der Regel deutlich schneller als untergärige Sorten. Während die Hauptgärung im Gärbehälter stattfindet, läuft die Nachgärung (oder Nachreifung) bereits im Lagerbehälter (Flasche, Faß) ab.

Zu Beginn der Gärung nimmt die Hefe den in die Würze „eingerührten" Sauerstoff auf. Die Enzymaktivität ist in diesem Stadium besonders hoch, es bilden sich zahlreiche Stoffwechselprodukte.

Zudem gewinnen die Hefezellen über den sogenannten „Citrat-zyclus" große Mengen an Energie. Ein Überangebot ist jedoch auch nicht günstig, weil zuviel Sauerstoff die Hefezellen schädigen könnte. Allerdings ist es kaum möglich, die O_2-Konzentration durch das bloße Umrühren der Würze über das Optimum von etwa sechs bis acht Milligramm pro Liter hinaus zu erhöhen. Wie bereits erwähnt, setzt die Umwandlung von Zucker in Alkohol erst ein, wenn der Sauerstoff in der Würze verbraucht ist.

Während der Gärung verstoffwechselt die Hefe Kohlenhydrate (Zucker), Aminosäuren, Mineralstoffe und Vitamine. Je nach dem mengenmäßigen Angebot dieser Substanzen, verläuft die Arbeit der Zellen im Hinblick auf die Bierherstellung mehr oder weniger günstig. Aus diesem Grund ist es für Hobby-Brauer wichtig, einige grundlegende Zusammenhänge dieser verschiedenen Vorgänge zu kennen.

Für uns besonders interessant ist natürlich der Kohlenhydrat-Stoffwechsel. Aus den vergärbaren Zuckern bilden sich Alkohol und Kohlensäure. Der Fachmann unterscheidet den Angär-, den Hauptgär- und den Nachgärzucker. Zunächst nimmt die Hefe die einfachen Zucker wie Glucose und Fructose (Angärzucker) auf. Der größte Teil davon wird für die Energiegewinnung benutzt, ein anderer Teil zu Alkohol umgewandelt und etwa 30 Prozent benötigt die Hefe für die Produktion von zelleigenen Nucleinsäuren. Erst danach werden höhere Zucker (Saccharose, Maltose) durch Enzyme gespalten und teilweise (Maltose, Maltotriose) durch ein sogenanntes Carrier-System aktiv in die Hefezelle transportiert.

Der Aminosäurestoffwechsel reguliert die Menge höherer Alkohole (Fuselöle), die beim Kohlenhydratstoffwechsel immer anfallen. Diese Alkohole sind entscheidend für die Bekömmlichkeit eines Bieres verantwortlich.

Wichtig für den Fettstoffwechsel ist das Angebot an Stickstoff in der Würze. Bei einer zu knappen Versorgung neigt Hefe zum Aufbau von Fetten. Die daraus entstehenden Fettsäuren und Fettsäureester beeinflussen den Geschmack des Bieres negativ und wirken sich ungünstig auf die Schaumstabilität aus.

Ganz entscheidend für das „Wohlbefinden" der Hefezellen ist das Mineralstoffangebot. Mehr als 60 verschiedene Mineralien steuern

das Wachstum, die Gärleistung und die Bruchbildung. Sie sind Bestandteile von Enzym-Protein-Komplexen, aktivieren Enzymsysteme oder sind beteiligt am Aufbau von Gerüstsubstanzen. Von herausragender Bedeutung sind Mangan und Zink. Der Bedarf der Hefezellen an diesen beiden Metallen liegt bei ca. 0,18 bzw. 0,19 Milligramm pro Liter. Je weniger Zink in der Würze vorhanden ist, desto langsamer läuft die Gärung. Nach sechs bis zwölf Stunden hat die Hefe den gesamten Vorrat an Zink aufgenommen. Weitere wichtige Mineralstoffe sind Kalium, Natrium und Magnesium.

Auf der anderen Seite kann sich eine zu große Menge an bestimmten Mineralstoffen und Spurenelementen störend auswirken. Vor allem Eisen ist problematisch. Ab 30 Milligramm pro Liter schmeckt das Bier unangenehm metallisch und der Schaum bekommt eine häßlich braune Farbe. Zudem kann es bei der Gärung zu einem plötzlichen und sehr starken Überschäumen kommen.

Bei der Gärung verändert sich der Extraktgehalt der Würze. Im Laufe der Gärung nimmt die Menge an vergärbaren Zuckern immer weiter ab und der Alkoholgehalt zu. Bei obergäriger Hefe beträgt die Veränderung der Stammwürze in den ersten 24 Stunden rund zwei, bei untergäriger etwa 0,5 Prozentpunkte. Der pH-Wert der Anstellwürze verschiebt sich von 5,4 auf 4,5. Ursache dafür ist die Bildung von Kohlensäure (CO_2) und von verschiedenen organischen Säuren durch die Hefe. Ob die Gärung richtig „ankommt" (wie der Fachmann sagt), sehen sie bereits nach kurzer Zeit. 12 bis 24 Stunden nach dem Anstellen beginnt eine stürmische Gärung. Eine starke CO_2-Entwicklung ist ein sicheres Zeichen dafür, daß die Umwandlung der Würze zu „Jungbier" begonnen hat.

Ermittlung des Endvergärungsgrades

Der Beginn der Hauptgärung ist der richtige Zeitpunkt, um eine Probe zur Bestimmung des Endvergärungsgrades zu entnehmen. Dieser Arbeitsschritt ist vor allem für Nachwuchsbrauer sehr hilfreich und deshalb empfehlenswert. Damit bekommen Sie einen exakten Anhaltspunkt für die richtige Länge der Hauptgärung und können so einen der häufigsten Fehler – eine zu lange oder zu kurze Hauptgärung – vermeiden. Gärt Ihr Jungbier zu lange, dann bleibt nicht mehr genug vergärbarer Zucker für die Nachgärung in der Flasche. Die Folge ist ein schales, kohlensäure- und schaumarmes Bier.

Andererseits dürfen auch nicht zu viele Kohlenhydrate übrigbleiben. Wird das Bier nämlich zu früh abgefüllt, dann besteht die Gefahr, daß zuviel Kohlensäure gebildet wird und die Flaschen durch den Überdruck regelrecht explodieren.

Entnehmen Sie mit einem sauberen Gefäß etwa 250 Milliliter des Jungbieres.

Wichtig: Vorher das Gefäß mit kochendheißem Wasser gründlich abspülen.

Die Probe geben Sie in ein Glas und lassen sie zwei (obergärig) bis drei (untergärig) Tage lang stehen. Für den Test muß die Temperatur der Probe deutlich über der Temperatur in Ihrem Gärgefäß liegen. Auf diese Weise erreichen Sie eine schnelle Vergärung und können so bereits einige Zeit vor dem Abschluß der Hauptgärung den Endvergärungsgrad Ihres Bieres bestimmen. Nach den erwähnten zwei bis drei Tagen ist die Umwandlung von vergärbaren Zuckern in Alkohol und Kohlensäure abgeschlossen. Übrig bleibt nur noch der Restextrakt, den Sie nun wieder mit der Bierspindel bestimmen können (wie im Kapitel über das Abläutern ausführlich beschrieben).

Aber Achtung: Um Meßfehler durch an der Spindel anhaftende Kohlensäure zu vermeiden, sollten Sie die Probe vorher kräftig umrühren (nicht mit der Bierspindel – Bruchgefahr!) und das störende CO_2 dadurch entfernen. Noch besser ist es, das Bier vor der Messung durch einen Kaffeefilter laufen zu lassen. Die Probe enthält so praktisch keine freie Kohlensäure mehr, ein Anheben der Spindel (Strohhalmeffekt) wird ausgeschlossen.

Der (bei 20 °C) ermittelte Wert ist der Endvergärungsgrad Ihres speziellen Bieres in Prozent. Um noch genügend vergärbaren Zucker für die Nachgärung übrigzulassen, müssen Sie Ihr Jungbier kurz vor Erreichen dieses Werts auf die Flaschen ziehen. Der richtige Zeitpunkt ist erreicht, wenn der Extraktgehalt noch etwa 0,2 bis 0,5 Prozentpunkte über dem Endvergärungsgrad liegt.

Beispiel: Ihr Bier hat einen Stammwürzegehalt von 12 Prozent. Der ermittelte Endvergärungsgrad beträgt 4,7 Prozent. Der richtige Abfüllzeitpunkt ist demnach erreicht, wenn das Jungbier einen Restextrakt von ca. 5,0 Prozent aufweist (4,7 Prozent + 0,3 Prozentpunkte = 5,0 Prozent).

Um während der Hauptgärung nicht ständig mit der Bierspindel arbeiten zu müssen, können Sie auch Ihre Geschmacksnerven einsetzen. Mit ein bißchen Übung und Erfahrung sind Sie schnell in der Lage, den idealen Abfüllzeitpunkt auch mit Ihrer Zunge auszutesten. Ein kräftiger Biergeschmack deutet auf eine weit fortgeschrittene Hauptgärung hin. Schmeckt Ihr Jungbier dagegen noch süß, sollten Sie es noch weiter gären lassen.

Pflege des Jungbieres

Während der Hauptgärung transportiert die sich bildende Kohlensäure feste Bestandteile aus der Würze an die Oberfläche. Dort setzt sich die Mixtur aus abgestorbenen und intakten Hefezellen sowie den verschiedensten Inhaltsstoffen der Würze als feiner weißer Schaum ab. Nach einigen Tagen hat sich eine dicke Schaumschicht gebildet, die das Jungbier (vor allem in offenen Gärbehältern) vor störenden Keimen schützt. Wie bereits im Kapitel über die Rohstoffe erwähnt, heißt dieser Schaum „Kräusen".

Mit der Zeit zeigen sich auf den Kräusen kleine braune „Hefeflecken", die jedoch nur teilweise etwas mit Hefe zu tun haben. Sie bestehen aus Trubbestandteilen der Würze, aus Hopfenharzen, Bitterstoffen, Gerbstoffen und diversen stickstoffhaltigen Verbindungen. Alles in allem Substanzen, die nicht im Jungbier bleiben sollten. Entfernen Sie diese Flecken deshalb regelmäßig mit einem sauberen Löffel, den sie kurz zuvor mit kochendheißem Wasser abgespült haben.

Das Zusammenfallen der Kräusen zeigt das Ende der Hauptgärung an. Die Aktivität der Hefezellen hat dann bereits stark nachgelassen, der Extraktgehalt der Würze ist auf rund 5 Prozent zurückgegangen. Vor dem Abfüllen sollten Sie den verbleibenden Schaum vorsichtig mit einem sauberen Löffel oder einer speziellen Schaumkelle (im Fachhandel erhältlich) entfernen. Je nach Biertyp gibt es für diese Maßnahme unterschiedliche Gründe. Bei den obergärigen Bieren geht es darum, die an der Oberfläche verdichteten Hefezellen abzuschöpfen und gegebenenfalls für den nächsten Sud aufzubewahren. Vor einem neuerlichen Einsatz sollten Sie die Hefe allerdings zuvor „waschen". Geben Sie die Zellen dazu in eine saubere Flasche mit abgekochtem und dann wieder abgekühltem Wasser. Das sorgfältig verschloßene Gefäß lagern Sie am besten im Kühlschrank.

Bei den untergärigen Sorten haben sich die Hefezellen am Ende der Gärung am Boden des Gärgefäßes abgesetzt. Das Abschöpfen des Schaumes ist jedoch auch hier notwendig. Würde die Gärdekke mit in die Flaschen gelangen, könnte das Bier zu bitter werden.

Abfüllen, Nachgären, Lagern

In Brauereien erfolgt die Nachgärung heute fast ausschließlich in geschlossenen Tanks (unter Gegendruck) und damit vor dem Abfüllen. Die Flaschengärung (eigentlich Nachgärung) wird nur bei bestimmten obergärigen Biersorten angewendet. Theoretisch ist es natürlich auch für Hobby-Brauer möglich, für die Nachgärung ein geschlossenes System einzusetzen. Den Vorteilen (geringere Infektionsgefahr, weniger Gärungsnebenprodukte durch hohen Druck etc.) steht jedoch ein enormer technischer Aufwand gegenüber. Auch aus Kostengründen ist es für den Hobby-Brauer ratsam, das Bier zuerst auf Flaschen zu ziehen und dort nachgären zu lassen.

Vergärungsgrade

Der Vergärungsgrad ist ganz allgemein betrachtet ein Maßstab für die Entwicklung der Gärung. Er gibt an, wieviel Prozent des Extraktes der Anstellwürze bereits in Alkohol, CO_2 und in Gärungsneben-

Arbeitsschritte: Abfüllen, Nachgären, Lagern	Dauer/Zeitaufwand
Flaschen oder Fässer reinigen und desinfizieren	1 Stunde
Jungbier aus Gärbehälter in Flaschen oder Fässer umfüllen	1 Stunde
Nachgärung: Abgefülltes Jungbier abgedunkelt und bei Gärtemperatur stehenlassen, Flaschen täglich „entlüften"	3 bis 5 Tage
Lagerung: Dunkel und ruhig! Je nach Biertyp bei 2 bis 4 °C (untergärig) bzw. 10 bis 12 °C (obergärig)	2 bis 15 Wochen

produkte umgewandelt wurden. Die Brauer unterscheiden dabei zwischen verschiedenen Stufen und Werten. Weil die dazugehörenden Begriffe immer wieder in der Fachliteratur auftauchen, sollen sie hier kurz erläutert werden.

„**Scheinbarer Vergärungsgrad**": Der scheinbare Vergärungsgrad ist eine wichtige Meßgröße, um den Verlauf der Gärung kontrollieren zu können. Er gibt an, in welchem Ausmaß die Anstellwürze bereits vergoren ist. Allerdings eben nur „scheinbar". Das liegt daran, daß der in der Anstellwürze durch die Gärung zunehmend vorhandene Alkohol eine niedrigere Dichte als Bier/Wasser aufweist und dadurch die Messung stört.

„**Wirklicher Vergärungsgrad**": Um den wirklichen Vergärungsgrad bestimmen zu können, müßte der Alkohol aus der Probe abdestiliert und der Mengenverlust mit Wasser ausgeglichen werden. Dieser Wert ist eine rein theoretische Größe und hat für Hobby-Brauer keinerlei Bedeutung.

„**Endvergärungsgrad**": Die Bedeutung des Endvergärungsgrades wurde bereits ausführlich beschrieben. Zusammengefaßt: Er gibt die Summe der in der Würze enthaltenen vergärbaren Kohlenhydrate an, ausgedrückt in Prozent des Gesamtextraktes. Der Endvergärungsgrad ist damit der höchstmögliche erreichbare Vergärungsgrad der Anstellwürze. Er ist damit genaugenommen ein rein theoretischer Wert und hat mit der Gärung nichts zu tun. Weil die

Aktivität der Hefe und die Reaktionsbedingungen nicht exakt vorhersehbar sind, müßte der Endvergärungsgrad demnach eigentlich chemisch-physikalisch ermittelt werden. Sowohl für unsere Bedürfnisse als Hobby-Brauer als auch für die Ansprüche von großen Brauereien genügt die beschriebene Schnellvergärungsprobe jedoch bei weitem.

Zum Vergleich hier einige Endvergärungsgrade bestimmter Biersorten:

Helles Malz, Lagerbiere:	78 bis 83 Prozent
Bock, Pils, Export:	80 bis 85 Prozent
Dunkles Malz:	68 bis 75 Prozent

„Gärkellervergärungsgrad": Dieser Wert bestimmt den Zeitpunkt des Abfüllens. In Brauereien liegt er in der Regel bei 90 Prozent des Endvergärungsgrades. In der Hausbrauerei darf bzw. muß der Unterschied – wie beschrieben – kleiner sein.

„Ausstoßvergärungsgrad": Am Ende der Lagerung enthält das Bier theoretisch keine vergärbaren Kohlenhydrate mehr. Der Ausstoßvergärungsgrad sollte deshalb möglichst nahe am Endvergärungsgrad liegen. In Brauereien beträgt der Wert in der Regel 98 bis 99 Prozent des Endvergärungsgrades.

Nach diesem kurzen Ausflug in die Fachsprache der Brauer nun wieder zurück zur Hausbrauerei. Unser Jungbier kommt dem fertigen Produkt jetzt schon ziemlich nahe. Was ihm noch fehlt, ist der letzte Schliff. Und den bekommt das Jungbier bei der Nachgärung und der sich daran anschließenden Lagerung.

Während der Nachgärung verstoffwechseln die Hefezellen die restlichen, noch im Jungbier verbliebenen Kohlenhydrate. Dadurch steigt der Alkoholgehalt noch einmal geringfügig an. Viel wichtiger ist jedoch die gleichzeitig entstehende Kohlensäure. Sie verleiht dem fertigen Bier seine Spritzigkeit, sorgt für eine gute Schaumbildung, trägt zur biologischen Stabilität bei und vollendet den Geschmack. In diesem Stadium beginnt sich das Bier zu klären.

Unerwünschte Substanzen wie Hopfenharze und Gerbstoffe binden sich an die Hefe und sinken mit ihr auf den Flaschenboden. Um diesen Vorgang nicht zu behindern, sollte das Jungbier für die Nachgärung an einem dunklen Ort abgestellt und nicht zuviel bewegt werden.

Der richtige Klärungsprozeß beginnt allerdings erst mit der Lagerung. Auch ein zu Beginn dieser Phase noch relativ trüb aussehendes Bier wird dabei in der Regel klar bis leicht opaleszent. An dieser Stelle muß erwähnt werden, daß die selbstgebrauten Biere natürlich niemals die Klarheit und Brillanz eines Industriebieres haben können. Angesichts des immer stärker werdenden Trends zu naturtrüben Bieren bei den großen Brauereien muß das die Hobby-Brauer auch nicht weiter stören. Im Gegenteil!

Abfüllen

Hat das Jungbier den gewünschten Vergärungsgrad erreicht, kann es auf Flaschen gezogen oder in spezielle Fässer abgefüllt werden. Der Fachmann spricht in diesem Zusammenhang vom „Schlauchen". Ein Begriff, der in unserem normalen Sprachgebrauch auf etwas eher Unangenehmes hindeutet. Nach einer anstrengenden Arbeit sagen viele Menschen: „Das hat mich ganz schön geschlaucht".

Für Hobby-Brauer hat das Schlauchen allerdings eine völlig andere Bedeutung. Es ist so etwas wie die Kür. Das Bier ist schon beinahe fertig und die Nachgärung und Reifung machen genaugenommen keine große Arbeit mehr. Ein klein wenig aufwendig ist lediglich noch die Vorbereitung der Lagergefäße.

Vorbereitung der Lagergefäße

Egal, ob Flaschen oder Fässer: Hygiene ist auch in dieser Phase das oberste Gebot. Bevor Sie Ihr Jungbier abfüllen, müssen Sie die Gefäße gründlich reinigen.

Ganz wichtig: Verwenden Sie nur heißes Wasser oder allenfalls ein im Fachhandel erhältliches Spezialreinigungs- und Desinfektionsmittel. Normale Haushaltsreiniger oder Spülmittel enthalten für die bessere Hautverträglichkeit oft sogenannte „Rückfetter". Im Bier haben diese Substanzen jedoch absolut nichts verloren. Sie sorgen unter Umständen für erhebliche Geschmacksbeeinträchtigungen.

Beim Einsatz von Flaschen, sollten Sie sich im Fachhandel eine spezielle Flaschenbürste besorgen. Um den Reinigungsaufwand insgesamt klein zu halten, empfiehlt es sich außerdem, auf größere Flaschen mit mindestens 2 Litern Inhalt zurückzugreifen.

Heißes Wasser und ein bißchen Chemie sind zwar hilfreich, reichen aber meist nicht aus. Um eine möglicherweise vorhandene Verunreinigung der Flaschen mit schädlichen Mikroorganismen tatsächlich auszuschließen, müssen die Flaschen im Backofen bei etwa 120 °C desinfiziert werden. Die Einwirkzeit (gerechnet ab dem Erreichen der 120 °C!) beträgt ca. 10 Minuten. Um Glasbruch zu vermeiden, müssen die Flaschen auf einem Rost liegen. Sie dürfen sich weder untereinander berühren noch an der Ofenwand anliegen.

Vergessen Sie nicht, die Dichtungsgummis der Bügelflaschen vor dem Erhitzen zu entfernen. Zur Desinfektion der Gummis reicht es ohnehin aus, sie in Wasser abzukochen.

Achtung: Im Laufe der Zeit spröde gewordene Gummidichtungen sollten Sie unbedingt aussortieren.

An dieser Stelle sei noch einmal auf die speziellen Gär- und Lagergefäße mit Gegendrucksystem hingewiesen. Damit entfällt das Abfüllen vor der Nachgärung. Das Jungbier bleibt sogar während der Lagerung im Behälter. Mit einem solchen System können Sie dann das bereits trinkfertige Bier ganz bequem über einen schwimmenden „Ablaufhahn" entnehmen. Einige dieser Behälter bieten außerdem die Möglichkeit, über eine CO_2-Patrone zusätzliche Kohlensäure einzuleiten (zum Beispiel „Meister-Keg").

Behälter ohne Überdruckventil sind für die Nachgärung nur bedingt geeignet. Um sie einsetzen zu können, muß das darin befindliche Bier unbedingt durch ein Gärröhrchen oder eine Gärglocke von der Umluft abgeschottet werden. Für die Lagerung Ihres Gerstensaftes benötigen Sie dann aber in jedem Fall eigene Gefäße. Dadurch müssen Sie das in diesem Stadium doch recht empfindliche Bier noch einmal „bewegen". Die Folgen sind ein nicht unerheblicher Verlust an Kohlensäure und eine zusätzliche Infektionsgefahr.

Generell spricht in der Hobby-Brauerei alles für großvolumige Flaschen mit Bügelverschluß. Sie sind verhältnismäßig kostengünstig und liefern „mundgerechte" Portionen des „edlen Selbstgebrauten". Der im Vergleich zu Fässern etwas höhere Reinigungsaufwand und die etwas aufwendigere Kontrolle des Flaschendrucks bei der Nachgärung spielen unter dem Strich keine große Rolle.

Schlauchen

Wichtigstes Utensil beim Abfüllen ist der Abfüllschlauch. Sie bekommen ihn entweder im Fachhandel oder in Baumärkten.

Aber Vorsicht: Verwenden Sie auch hier auf keinen Fall Schläuche aus PVC (Gartenschläuche etc.). Am besten geeignet ist (lebensmittelechtes) Polyethylen (PE).

Über den Schlauch leiten Sie das Bier aus dem Gärgefäß zur Nachgärung in die Flaschen. Wichtig ist, daß dabei so wenig Schaum wie möglich entsteht und somit der CO_2-Verlust so gering wie möglich ausfällt. Das erreichen Sie, indem Sie den Schlauch beim Abfüllen immer bis auf den Boden Ihrer Flaschen oder Fässer schieben. Neben dem Alkohol, den Hopfenbitterstoffen und der kalten Lagerung sorgt nämlich auch die Kohlensäure als natürliches Konservierungsmittel für die biologische Stabilität des Bieres.

Lagerung

Die Lagerung erfordert vom Hobby-Brauer in erster Linie eines: Geduld. Bis zum vollkommenen Genuß muß Ihr Bier jetzt je nach Biertyp noch zwischen 2 und 15 Wochen ruhig, kühl und dunkel stehen.

Als Faustregel gilt: Je mehr Alkohol Ihr Bier enthält, desto länger dauert die Lagerung. Eine Rolle spielt auch die Lagertemperatur. Je tiefer sie liegt, desto länger müssen Sie sich bis zum Genuß Ihres selbstgebrauten Bieres gedulden.

Wichtig: Die Flaschen oder Fässer müssen bei der Lagerung unbedingt aufrecht stehen. Nur so können sich die im Jungbier noch vorhandenen Trubstoffe an die Hefereste binden und als Sediment am Boden der Gefäße absetzen.

„Arbeit" macht Ihnen das Bier jetzt nur noch in den ersten drei bis fünf Tagen während der Nachgärung. In dieser Zeit müssen Sie die Gefäße einmal täglich ganz kurz „entlüften", um überschüssige Kohlensäure entweichen zu lassen. Ein zu hoher CO_2-Druck könnte die Flaschen explodieren lassen. Ein kleiner Tip am Rande: Verwenden Sie nur einwandfreie Flaschen ohne Risse und Absplitterungen. Auf diese Weise vermeiden Sie unangenehme Überraschungen durch zerborstene Flaschen.

Übrigens: Nur in den ersten Tagen der Nachgärung und Lagerung entsteht noch eine bemerkenswerte Menge an Kohlensäure. Wenn Sie zuviel CO_2 ablassen, wird Ihr Bier schal. In dieser Phase ist Fingerspitzengefühl angesagt.

Fünfzehn Wochen Lagerung sind eine ziemlich lange Zeit. Vor allem dann, wenn der Hobby-Brauer neugierig auf seinen möglicherweise ersten Sud ist. Probieren Sie deshalb bei Ihren ersten Gehversuchen als Braumeister am besten Sorten aus, für die nur eine kurze Lagerung notwendig ist. Aber auch bei den besonders langsam reifenden Starkbieren können Sie durchaus schon etwas früher eine erste Kostprobe riskieren. Eine Wartezeit von zwei Wochen sollten Sie jedoch auf jeden Fall einhalten. Bier ist ein lebendiges Lebensmittel. Geben Sie ihm deshalb die Chance, ein ausgereiftes Aroma zu entwickeln. Als Belohnung erwartet Sie – vor allem bei stärker gehopften Bieren – ein herrlich prickelndes Geschmackserlebnis, wie Sie es bei filtrierten, pasteurisierten und künstlich stabilisierten „Industriebieren" vermutlich niemals finden werden.

Haltbarkeit

Rein theoretisch können Sie Ihr Bier je nach Typ bis zu sechs Monate lang über die Zeit der Nachgärung und Reifung hinaus lagern. Obergärige Sorten sind allerdings etwas empfindlicher und sollten deshalb spätestens nach zehn Wochen verbraucht sein. Nach dieser Zeit verliert das Bier deutlich an Aroma. Das liegt zum einen an chemisch-physikalischen Veränderungen der Inhaltsstoffe. Zum anderen zersetzen sich die auf den Flaschenboden abgesunkenen Hefezellen.

Diese Überlegungen sind freilich rein theoretisch. Vermutlich werden Sie Ihre Vorräte jeweils schon lange vor dem Einsetzen dieser Prozesse selbst „verstoffwechselt" haben.

Brauprotokolle und Rezepturen

Auf den folgenden Seiten finden Sie ausgewählte Rezepte für unterschiedlichste Biersorten. Für die ersten Versuche empfiehlt es sich, obergärige Typen zu brauen. Der Grund: Ihre Herstellung ist insgesamt etwas einfacher. Vor allem aber läuft die Gärung von obergärigem Bier bei Zimmertemperatur ab, so daß Sie auf eine aufwendige Kühlung verzichten können.

Bei Ihren Brauaktivitäten werden Sie sehr schnell feststellen, daß kein Sud wie der andere schmeckt. Und das, obwohl Sie sich ganz genau an die Rezeptur gehalten haben. Diese Tatsache sollte Sie nicht an Ihren Fähigkeiten zweifeln lassen. Im Gegenteil: Freuen Sie sich darüber und wagen Sie ruhig auch einmal ein paar Experimente bezüglich der Menge an Rohstoffen, ihrer Zusammensetzung und der Prozeßführung beim Brauvorgang selbst. Gerade die so entstehende Vielfalt und jeweilige geschmackliche Einzigartigkeit macht einen großen Teil des Charmes selbstgebrauter Biere aus.

Um Ihnen die Arbeit zu erleichtern, sind die einzelnen Rezepte bereits in einem Brauprotokoll vermerkt. Kopieren Sie sich einfach die jeweilige Seite aus diesem Buch heraus und hängen Sie diese gut sichtbar an ihren Arbeitsplatz. Dadurch behalten Sie leicht den Überblick und können so jede einzelne Phase genau kontrollieren. Am Ende des Rezeptteils finden Sie schließlich auch noch ein lee-

res Brauprotokoll für eigene Experimente. Die Mengenangaben beziehen sich jeweils auf 20 bis 25 Liter fertiges Bier. Für größere oder kleinere Ansätzen müssen Sie die Mengen zuvor umrechnen. Brauprotokolle sind unerläßliche Hilfsmittel. Notieren Sie sich darin genau jeden einzelnen Arbeitsschritt. Sie erleichtern sich damit nicht nur die Arbeit, sondern haben so auch die Möglichkeit, den Sud später noch einmal genau nachzuvollziehen. Auf diese Weise können Sie auch möglichen Braufehlern auf die Spur kommen.

Noch ein kleiner Tip: Die Brauprotokolle können Sie auch im Winword-Format auf einer 3,5" Diskette anfordern. Damit ist es noch einfacher, Rezepte zu variieren und eigene zu entwickeln. Zusätzlich enthält die Diskette ein spezielles Gärkeller-Protokoll sowie ein Programm, mit dem Sie ganz einfach und bequem Ihre persönlichen Flaschen- oder Faßetiketten gestalten können. Die Bezugsquelle finden Sie im Anhang.

Rezepte/Brauprotokolle ☞

Untergärige Biersorten

Pils

Gerstenmalz, hell, geschrotet . . . . 4 Kilogramm
Hopfen-Pellets (3 % Alphasäure) . . . . 40 bis 45 Gramm
Dickflüssige Hefelösung, untergärig . . . . 50 Milliliter
Brauwasser (Härtebereich 1, max. 5 °dH) . . . . 15 plus 12 Liter

Zeit	Tätigkeit	Temp.	Dauer	Extrakt	Menge
	Hauptguß aufheizen	40 °C			15 Liter
	Einmaischen	35 °C	25 Min.		
	Aufheizen auf	50 °C			
	Eiweißrast	50 °C	20 Min.		
	Aufheizen auf	64 °C			
	Maltoserast	64 °C	40 Min.		
	Aufheizen auf	72 °C			
	1. Verzuckerungsrast	72 °C	35 Min.		
	Jodprobe				
	2. Verzuckerungsrast	76 °C	25 Min.		
	Jodprobe				
	Abläutern				
	Nachguß	78 °C			ca. 12 Liter
	Kontrolle Würzegehalt			11 bis 13 %	
	Würze einstellen			%	Liter
	Aufheizen auf	100 °C			
	Würzekochung	100 °C	90 Min.		
	1. Hopfengabe				80 %
	2. Hopfengabe				20 %
	Ausschlagen				
	Abkühlen auf	6 °C			
	Kontrolle Stammwürze			11 bis 13 %	
	Anstellen/Hefe				50 ml
	Gärung	4 bis 8 °C	6 bis 10 Tage		
	Lagerung	4 bis 8 °C	8 bis 12 Wochen		

Export

Gerstenmalz, hell, geschrotet . . . . 4,5 Kilogramm
Karamelmalz . . . . 0,5 Kilogramm
Hopfen-Pellets (3 % Alphasäure) . . . . 35 bis 40 Gramm
Dickflüssige Hefelösung, untergärig . . . . 50 Milliliter
Brauwasser (Härtebereich 1, max. 7 °dH) . . . . 16 plus 14 Liter

Zeit	Tätigkeit	Temp.	Dauer	Extrakt	Menge
	Hauptguß aufheizen	55 °C			16 Liter
	Einmaischen	50 °C	25 Min.		
	Aufheizen auf	52 °C			
	Eiweißrast	52 °C	25 Min.		
	Aufheizen auf	64 °C			
	Maltoserast	64 °C	50 Min.		
	Aufheizen auf	72 °C			
	1. Verzuckerungsrast	72 °C	50 Min.		
	Jodprobe				
	2. Verzuckerungsrast	76 °C	10 Min.		
	Jodprobe				
	Abläutern				
	Nachguß	78 °C			ca. 14 Liter
	Kontrolle Würzegehalt			11 bis 13 %	
	Würze einstellen			%	Liter
	Aufheizen auf	100 °C			
	Würzekochung	100 °C	100 Min.		
	1. Hopfengabe				80 %
	2. Hopfengabe				20 %
	Ausschlagen				
	Abkühlen auf	6 °C			
	Kontrolle Stammwürze			11 bis 13 %	
	Anstellen/Hefe				50 ml
	Gärung	4 bis 8 °C	6 bis 10 Tage		
	Lagerung	4 bis 8 °C	8 bis 12 Wochen		

Bockbier, hell

Gerstenmalz, hell, geschrotet .... 6 Kilogramm
Karamelmalz .... 0,5 Kilogramm
Hopfen-Pellets (3 % Alphasäure) .... 30 bis 35 Gramm
Dickflüssige Hefelösung, untergärig .... 50 Milliliter
Brauwasser (Härtebereich 2, max. 14 °dH) .... 16 plus 16 Liter

Zeit	Tätigkeit	Temp.	Dauer	Extrakt	Menge
	Hauptguß aufheizen	55 °C			16 Liter
	Einmaischen	50 °C	25 Min.		
	Aufheizen auf	54 °C			
	Eiweißrast	54 °C	25 Min.		
	Aufheizen auf	64 °C			
	Maltoserast	64 °C	55 Min.		
	Aufheizen auf	72 °C			
	1. Verzuckerungsrast	72 °C	35 Min.		
	Jodprobe				
	2. Verzuckerungsrast	76 °C	20 Min.		
	Jodprobe				
	Abläutern				
	Nachguß	78 °C			ca. 16 Liter
	Kontrolle Würzegehalt			16 bis 18 %	
	Würze einstellen			%	Liter
	Aufheizen auf	100 °C			
	Würzekochung	100 °C	110 Min.		
	1. Hopfengabe				80 %
	2. Hopfengabe				20 %
	Ausschlagen				
	Abkühlen auf	6 °C			
	Kontrolle Stammwürze			16 bis 18 %	
	Anstellen/Hefe				50 ml
	Gärung	4 bis 8 °C	6 bis 10 Tage		
	Lagerung	4 bis 8 °C	10 bis 15 Wochen		

Märzen

Gerstenmalz, hell, geschrotet .... 4,5 Kilogramm

Hopfen-Pellets (3 % Alphasäure) .... 30 bis 35 Gramm

Dickflüssige Hefelösung, untergärig .... 50 Milliliter

Brauwasser (Härtebereich 1, max. 7 °dH) .... 16 plus 14 Liter

Zeit	Tätigkeit	Temp.	Dauer	Extrakt	Menge
	Hauptguß aufheizen	45 °C			16 Liter
	Einmaischen	40 °C	25 Min.		
	Aufheizen auf	55 °C			
	Eiweißrast	55 °C	20 Min.		
	Aufheizen auf	64 °C			
	Maltoserast	64 °C	35 Min.		
	Aufheizen auf	72 °C			
	1. Verzuckerungsrast	72 °C	30 Min.		
	Jodprobe				
	2. Verzuckerungsrast	76 °C	10 Min.		
	Jodprobe				
	Abläutern				
	Nachguß	78 °C			ca. 14 Liter
	Kontrolle Würzegehalt			13 bis 14 %	
	Würze einstellen			%	Liter
	Aufheizen auf	100 °C			
	Würzekochung	100 °C	90 Min.		
	1. Hopfengabe				80 %
	2. Hopfengabe				20 %
	Ausschlagen				
	Abkühlen auf	6 °C			
	Kontrolle Stammwürze			13 bis 14 %	
	Anstellen/Hefe				50 ml
	Gärung	4 bis 8 °C	6 bis 10 Tage		
	Lagerung	4 bis 8 °C	5 bis 7 Wochen		

Kellerbier

Gerstenmalz, hell, geschrotet . . . . 5 Kilogramm
Karamelmalz . . . . 0,25 Kilogramm
Hopfen-Pellets (3 % Alphasäure) . . . . 30 Gramm
Dickflüssige Hefelösung, untergärig . . . . 50 Milliliter
Brauwasser (Härtebereich 1, max. 7 °dH) . . . . 13 plus 12 Liter

Zeit	Tätigkeit	Temp.	Dauer	Extrakt	Menge
	Hauptguß aufheizen	40 °C			13 Liter
	Einmaischen	35 °C	25 Min.		
	Aufheizen auf	55 °C			
	Eiweißrast	55 °C	25 Min.		
	Aufheizen auf	64 °C			
	Maltoserast	64 °C	40 Min.		
	Aufheizen auf	72 °C			
	1. Verzuckerungsrast	72 °C	35 Min.		
	Jodprobe				
	2. Verzuckerungsrast	76 °C	20 Min.		
	Jodprobe				
	Abläutern				
	Nachguß	78 °C			ca. 12 Liter
	Kontrolle Würzegehalt			13 bis 14 %	
	Würze einstellen			%	Liter
	Aufheizen auf	100 °C			
	Würzekochung	100 °C	100 Min.		
	1. Hopfengabe				80 %
	2. Hopfengabe				20 %
	Ausschlagen				
	Abkühlen auf	6 °C			
	Kontrolle Stammwürze			13 bis 14 %	
	Anstellen/Hefe				50 ml
	Gärung	4 bis 8 °C	6 bis 10 Tage		
	Lagerung	4 bis 8 °C	5 bis 6 Wochen		

Obergärige Biersorten

Weißbier (Weizenbier), hell

Gerstenmalz, hell, geschrotet .... 2 Kilogramm
Weizenmalz, hell, geschrotet .... 3 Kilogramm
Hopfen-Pellets (3 % Alphasäure) .... 40 bis 45 Gramm
Dickflüssige Hefelösung, obergärig .... 50 Milliliter
Brauwasser (Härtebereich 2, max. 14 °dH) .... 16 plus 12 Liter

Zeit	Tätigkeit	Temp.	Dauer	Extrakt	Menge
	Hauptguß aufheizen	45 °C			16 Liter
	Einmaischen	40 °C	20 Min.		
	Aufheizen auf	52 °C			
	Eiweißrast	52 °C	20 Min.		
	Aufheizen auf	64 °C			
	Maltoserast	64 °C	50 Min.		
	Aufheizen auf	72 °C			
	1. Verzuckerungsrast	72 °C	30 Min.		
	Jodprobe				
	2. Verzuckerungsrast	76 °C	20 Min.		
	Jodprobe				
	Abläutern				
	Nachguß	78 °C			ca. 12 Liter
	Kontrolle Würzegehalt			11 bis 13 %	
	Würze einstellen			%	Liter
	Aufheizen auf	100 °C			
	Würzekochung	100 °C	100 Min.		
	1. Hopfengabe				80 %
	2. Hopfengabe				20 %
	Ausschlagen				
	Abkühlen auf	18 °C			
	Kontrolle Stammwürze			11 bis 13 %	
	Anstellen/Hefe				50 ml
	Gärung	ca. 20 °C	2 bis 3 Tage		
	Lagerung	ca. 12 °C	3 bis 4 Wochen		

Weißbier (Weizenbier), dunkel

Gerstenmalz, hell, geschrotet . . . . 2,5 Kilogramm
Weizenmalz, hell, geschrotet . . . . 2,5 Kilogramm
Weizenfarbmalz . . . . 0,25 Kilogramm
Hopfen-Pellets (3 % Alphasäure) . . . . 40 bis 45 Gramm
Dickflüssige Hefelösung, obergärig . . . . 50 Milliliter
Brauwasser (Härtebereich 1, max. 7 °dH) . . . . 16 plus 16 Liter

Zeit	Tätigkeit	Temp.	Dauer	Extrakt	Menge
	Hauptguß aufheizen	45 °C			16 Liter
	Einmaischen	40 °C	20 Min.		
	Aufheizen auf	52 °C			
	Eiweißrast	52 °C	25 Min.		
	Aufheizen auf	64 °C			
	Maltoserast	64 °C	35 Min.		
	Aufheizen auf	72 °C			
	1. Verzuckerungsrast	72 °C	30 Min.		
	Jodprobe				
	2. Verzuckerungsrast	76 °C	15 Min.		
	Jodprobe				
	Abläutern				
	Nachguß	78 °C			ca. 16 Liter
	Kontrolle Würzegehalt			12 bis 13 %	
	Würze einstellen			%	Liter
	Aufheizen auf	100 °C			
	Würzekochung	100 °C	110 Min.		
	1. Hopfengabe				80 %
	2. Hopfengabe				20 %
	Ausschlagen				
	Abkühlen auf	15 °C			
	Kontrolle Stammwürze			12 bis 13 %	
	Anstellen/Hefe				50 ml
	Gärung	ca. 18 °C	2 bis 3 Tage		
	Lagerung	ca. 15 °C	3 bis 4 Wochen		

Weizenbock

Gerstenmalz, hell, geschrotet .... 3 Kilogramm
Weizenmalz, hell, geschrotet .... 3 Kilogramm
Hopfen-Pellets (3 % Alphasäure) .... 35 bis 40 Gramm
Dickflüssige Hefelösung, obergärig .... 50 Milliliter
Brauwasser (Härtebereich 2, max. 14 °dH) .... 14 plus 12 Liter

Zeit	Tätigkeit	Temp.	Dauer	Extrakt	Menge
	Hauptguß aufheizen	45 °C			14 Liter
	Einmaischen	40 °C	20 Min.		
	Aufheizen auf	52 °C			
	Eiweißrast	52 °C	20 Min.		
	Aufheizen auf	64 °C			
	Maltoserast	64 °C	60 Min.		
	Aufheizen auf	72 °C			
	1. Verzuckerungsrast	72 °C	30 Min.		
	Jodprobe				
	2. Verzuckerungsrast	76 °C	20 Min.		
	Jodprobe				
	Abläutern				
	Nachguß	78 °C			ca. 12 Liter
	Kontrolle Würzegehalt			16 bis 18 %	
	Würze einstellen			%	Liter
	Aufheizen auf	100 °C			
	Würzekochung	100 °C	120 Min.		
	1. Hopfengabe				80 %
	2. Hopfengabe				20 %
	Ausschlagen				
	Abkühlen auf	18 °C			
	Kontrolle Stammwürze			16 bis 18 %	
	Anstellen/Hefe				50 ml
	Gärung	ca. 20 °C	2 bis 3 Tage		
	Lagerung	ca. 12 °C	3 bis 4 Wochen		

Kölsch

Gerstenmalz, hell, geschrotet . . . . 3,5 Kilogramm
Weizenmalz, hell, geschrotet . . . . 0,5 Kilogramm
Hopfen-Pellets (3 % Alphasäure) . . . . 45 bis 50 Gramm
Dickflüssige Hefelösung (Kölsch), obergärig . . . . 50 Milliliter
Brauwasser (Härtebereich 4, max. 21 °dH) . . . . 18 plus 14 Liter

Zeit	Tätigkeit	Temp.	Dauer	Extrakt	Menge
	Hauptguß aufheizen	40 °C			18 Liter
	Einmaischen	35 °C	20 Min.		
	Aufheizen auf	52 °C			
	Eiweißrast	52 °C	25 Min.		
	Aufheizen auf	64 °C			
	Maltoserast	64 °C	45 Min.		
	Aufheizen auf	72 °C			
	1. Verzuckerungsrast	72 °C	35 Min.		
	Jodprobe				
	2. Verzuckerungsrast	76 °C	15 Min.		
	Jodprobe				
	Abläutern				
	Nachguß	78 °C			ca. 14 Liter
	Kontrolle Würzegehalt			11 bis 13 %	
	Würze einstellen			%	Liter
	Aufheizen auf	100 °C			
	Würzekochung	100 °C	90 Min.		
	1. Hopfengabe				80 %
	2. Hopfengabe				20 %
	Ausschlagen				
	Abkühlen auf	15 °C			
	Kontrolle Stammwürze			11 bis 13 %	
	Anstellen/Hefe				50 ml
	Gärung	ca. 17 °C	4 bis 6 Tage		
	Lagerung	ca. 12 °C	5 bis 7 Wochen		

Alt

Gerstenmalz, hell, geschrotet . . . . 1,5 Kilogramm
Gerstenmalz, dunkel, geschrotet . . . . 3 Kilogramm
Weizemmalz . . . . 0,5 Kilogramm
Hopfen-Pellets (3 % Alphasäure) . . . . 55 bis 60 Gramm
Dickflüssige Hefelösung (Alt), obergärig . . . . 50 Milliliter
Brauwasser (Härtebereich 4, max. 21 °dH) . . . . 16 plus 12 Liter

Zeit	Tätigkeit	Temp.	Dauer	Extrakt	Menge
	Hauptguß aufheizen	55 °C			16 Liter
	Einmaischen	50 °C	20 Min.		
	Aufheizen auf	52 °C			
	Eiweißrast	52 °C	20 Min.		
	Aufheizen auf	64 °C			
	Maltoserast	64 °C	45 Min.		
	Aufheizen auf	72 °C			
	1. Verzuckerungsrast	72 °C	35 Min.		
	Jodprobe				
	2. Verzuckerungsrast	76 °C	**entfällt!**		
	Jodprobe		**entfällt!**		
	Abläutern				
	Nachguß	78 °C			ca. 12 Liter
	Kontrolle Würzegehalt			11 bis 13 %	
	Würze einstellen			%	Liter
	Aufheizen auf	100 °C			
	Würzekochung	100 °C	100 Min.		
	1. Hopfengabe				70 %
	2. Hopfengabe				30 %
	Ausschlagen				
	Abkühlen auf	15 °C			
	Kontrolle Stammwürze			11 bis 13 %	
	Anstellen/Hefe				50 ml
	Gärung	ca. 17 °C	3 bis 5 Tage		
	Lagerung	ca. 12 °C	3 bis 7 Wochen		

Starkbier, dunkel

Gerstenmalz, hell, geschrotet .... 3 Kilogramm
Gerstenmalz, dunkel, geschrotet .... 3 Kilogramm
Malzextrakt .... 1 Kilogramm
Hopfen-Pellets (3 % Alphasäure) .... 45 bis 50 Gramm
Dickflüssige Hefelösung, obergärig .... 50 Milliliter
Brauwasser (Härtebereich 2, max. 14 °dH) .... 15 plus 18 Liter

Zeit	Tätigkeit	Temp.	Dauer	Extrakt	Menge
	Hauptguß aufheizen	60 °C			15 Liter
	Einmaischen	50 °C	20 Min.		
	Aufheizen auf	52 °C			
	Eiweißrast	52 °C	20 Min.		
	Aufheizen auf	64 °C			
	Maltoserast	64 °C	45 Min.		
	Aufheizen auf	72 °C			
	1. Verzuckerungsrast	72 °C	35 Min.		
	Jodprobe				
	2. Verzuckerungsrast	76 °C	**entfällt!**		
	Jodprobe		**entfällt!**		
	Abläutern				
	Nachguß	78 °C			ca. 18 Liter
	Kontrolle Würzegehalt			15 bis 17 %	
	Würze einstellen			%	Liter
	Aufheizen auf	100 °C			
	Malzextrakt zugeben				1 kg
	Hopfengabe				100 %
	Würzekochung	100 °C	70 Min.		
	Ausschlagen				
	Abkühlen auf	16 °C			
	Kontrolle Stammwürze			15 bis 17 %	
	Anstellen/Hefe				50 ml
	Gärung	ca. 18 °C	3 bis 4 Tage		
	Lagerung	ca. 12 °C	5 bis 10 Wochen		

Spezialbiere
Roggenbier

Gerstenmalz, hell, geschrotet . . . . 3 Kilogramm
Roggen, Rohfrucht . . . . 1,5 Kilogramm
Hopfen-Pellets (3 % Alphasäure) . . . . 30 bis 40 Gramm
Dickflüssige Hefelösung, obergärig . . . . 50 Milliliter
Brauwasser (Härtebereich 2, max. 14 °dH) . . . . 14 plus 12 Liter

Zeit	Tätigkeit	Temp.	Dauer	Extrakt	Menge
	Hauptguß aufheizen	45 °C			14 Liter
	Einmaischen	40 °C	20 Min.		
	Aufheizen auf	52 °C			
	Eiweißrast	52 °C	20 Min.		
	Aufheizen auf	64 °C			
	Maltoserast	64 °C	40 Min.		
	Aufheizen auf	72 °C			
	1. Verzuckerungsrast	72 °C	35 Min.		
	Jodprobe				
	2. Verzuckerungsrast	76 °C	15 Min.		
	Jodprobe				
	Abläutern				
	Nachguß	78 °C			ca. 12 Liter
	Kontrolle Würzegehalt			11 bis 13 %	
	Würze einstellen			%	Liter
	Aufheizen auf	100 °C			
	Würzekochung	100 °C	90 Min.		
	1. Hopfengabe				80 %
	2. Hopfengabe				20 %
	Ausschlagen				
	Abkühlen auf	16 °C			
	Kontrolle Stammwürze			11 bis 13 %	
	Anstellen/Hefe				50 ml
	Gärung	ca. 18 °C	3 bis 4 Tage		
	Lagerung	ca. 12 °C	2 bis 3 Wochen		

Dinkelbier

Gerstenmalz, hell, geschrotet .... 4 Kilogramm
Dinkel, Rohfrucht .... 1,5 Kilogramm
Hopfen-Pellets (3 % Alphasäure) .... 30 bis 40 Gramm
Dickflüssige Hefelösung, obergärig .... 50 Milliliter
Brauwasser (Härtebereich 2, max. 14 °dH) .... 14 plus 14 Liter

Zeit	Tätigkeit	Temp.	Dauer	Extrakt	Menge
	Hauptguß aufheizen	50 °C			14 Liter
	Einmaischen	45 °C	20 Min.		
	Aufheizen auf	52 °C			
	Eiweißrast	52 °C	20 Min.		
	Aufheizen auf	64 °C			
	Maltoserast	64 °C	40 Min.		
	Aufheizen auf	72 °C			
	1. Verzuckerungsrast	72 °C	30 Min.		
	Jodprobe				
	2. Verzuckerungsrast	76 °C	20 Min.		
	Jodprobe				
	Abläutern				
	Nachguß	78 °C			ca. 14 Liter
	Kontrolle Würzegehalt			11 bis 13 %	
	Würze einstellen			%	Liter
	Aufheizen auf	100 °C			
	Würzekochung	100 °C	100 Min.		
	1. Hopfengabe				80 %
	2. Hopfengabe				20 %
	Ausschlagen				
	Abkühlen auf	15 °C			
	Kontrolle Stammwürze			11 bis 13 %	
	Anstellen/Hefe				50 ml
	Gärung	ca. 18 °C	2 bis 3 Tage		
	Lagerung	ca. 12 °C	2 bis 3 Wochen		

Haferbier

Gerstenmalz, hell, geschrotet . . . . 3 Kilogramm
Hafer, Rohfrucht . . . . 1,3 Kilogramm
Hopfen-Pellets (3 % Alphasäure) . . . . 30 bis 40 Gramm
Dickflüssige Hefelösung, obergärig . . . . 50 Milliliter
Brauwasser (Härtebereich 2, max. 14 °dH) . . . . 14 plus 12 Liter

Zeit	Tätigkeit	Temp.	Dauer	Extrakt	Menge
	Hauptguß aufheizen	45 °C			14 Liter
	Einmaischen	40 °C	20 Min.		
	Aufheizen auf	52 °C			
	Eiweißrast	52 °C	20 Min.		
	Aufheizen auf	64 °C			
	Maltoserast	64 °C	45 Min.		
	Aufheizen auf	72 °C			
	1. Verzuckerungsrast	72 °C	40 Min.		
	Jodprobe				
	2. Verzuckerungsrast	76 °C	10 Min.		
	Jodprobe				
	Abläutern				
	Nachguß	78 °C			ca. 12 Liter
	Kontrolle Würzegehalt			11 bis 13 %	
	Würze einstellen			%	Liter
	Aufheizen auf	100 °C			
	Würzekochung	100 °C	100 Min.		
	1. Hopfengabe				80 %
	2. Hopfengabe				20 %
	Ausschlagen				
	Abkühlen auf	18 °C			
	Kontrolle Stammwürze			11 bis 13 %	
	Anstellen/Hefe				50 ml
	Gärung	ca. 20 °C	3 bis 4 Tage		
	Lagerung	ca. 12 °C	3 bis 4 Wochen		

Hanfbier

Gerstenmalz, hell, geschrotet . . . . 5 Kilogramm
Karamelmalz . . . . 0,25 Kilogramm
Hanf, getrocknet (ersetzt teilw. den Hopfen) . . . . 30 Gramm
Hopfen-Pellets (3 % Alphasäure) . . . . 10 bis 15 Gramm
Dickflüssige Hefelösung, obergärig . . . . 50 Milliliter
Brauwasser (Härtebereich 2, max. 14 °dH) . . . . 14 plus 12 Liter

Zeit	Tätigkeit	Temp.	Dauer	Extrakt	Menge
	Hauptguß aufheizen	45 °C			14 Liter
	Einmaischen	40 °C	20 Min.		
	Aufheizen auf	52 °C			
	Eiweißrast	52 °C	20 Min.		
	Aufheizen auf	64 °C			
	Maltoserast	64 °C	40 Min.		
	Aufheizen auf	72 °C			
	1. Verzuckerungsrast	72 °C	35 Min.		
	Jodprobe				
	2. Verzuckerungsrast	76 °C	15 Min.		
	Jodprobe				
	Abläutern				
	Nachguß	78 °C			ca. 12 Liter
	Kontrolle Würzegehalt			11 bis 13 %	
	Würze einstellen			%	Liter
	Aufheizen auf	100 °C			
	Würzekochung	100 °C	90 Min.		
	Hopfengabe		Zu Beginn der Kochung		100 %
	Hanfgabe		Am Ende		100 %
	Ausschlagen				
	Abkühlen auf	16 °C			
	Kontrolle Stammwürze			11 bis 13 %	
	Anstellen/Hefe				50 ml
	Gärung	ca. 18 °C	3 bis 4 Tage		
	Lagerung	ca. 12 °C	2 bis 3 Wochen		

106

Tips und Hintergründe zu den Spezialbieren

Die Rohfrucht für die zuletzt beschriebenen Spezialbiere erhalten Sie in der Regel in jedem Reformhaus.

Beachten Sie bitte, daß ungemälztes Getreide wesentlich schwerer und kompakter ist als das Gerstenmalz. Die Rohfrucht sinkt deshalb relativ schnell auf den Boden des Brautopfes und kann dort sehr leicht anbrennen. Die Folge ist ein unangenehm bitterer oder auch scharfer Geschmack. Bei diesen Bieren ist es deshalb während des Einmaischens besonders wichtig, immer wieder kräftig umzurühren.

Bei eigenen Rezepturen sollten Sie außerdem beachten, daß der Rohfruchtanteil im Verhältnis zum Gerstenmalz nicht größer sein darf als ca. 20 Prozent. Eine höhere Menge wäre problematisch, weil die Enzyme des Malzes auch den Stärkeanteil der Rohfrucht aufspalten müssen. Aus diesem Grund sollte das Gerstenmalz auch möglichst frisch geschrotet sein. Nur so haben Sie die Gewißheit, daß die Enzyme in ausreichender Menge und Qualität vorhanden sind.

Möglicherweise haben Sie sich beim Lesen der Rezepturen über den Begriff „Hanfbier" gewundert. Der Hanf übernimmt bei dieser Mischung größtenteils die Funktion des Hopfens. Die außergewöhnliche Kombination liefert ein Bier mit einem leicht süßlichen, aber auch sehr vollmundigem Geschmack.

Übrigens: Hanfbier wirkt zwar wie jedes andere Bier berauschend, macht jedoch nicht „high".

Die wie Dinkel oder Roggen in Reformhäusern erhältlichen Hanfblätter haben mit dem auch unter dem Namen Cannabis oder Haschisch bekannten Rauschgift absolut nichts zu tun. Die speziellen Hanfpflanzen enthalten praktisch keine halluzinogenen Stoffe und werden heutzutage auch in der EU wieder verstärkt landwirtschaftlich angebaut.

Aus der Fasern des Hanfs lassen sich besonders reißfeste Textilien herstellen. Und aus den Blättern brauen Sie ein wohlschmeckendes Bier.

Privatbier Nr. ...

Malz 1 .... Kilogramm
Malz 2 .... Kilogramm
Malz 3 .... Kilogramm
Hopfen-Pellets (3 % Alphasäure) .... Gramm
Dickflüssige Hefelösung, ober/untergärig .... Milliliter
Brauwasser (Härtebereich) .... plus ... Liter

Zeit	Tätigkeit	Temp.	Dauer	Extrakt	Menge
	Hauptguß aufheizen	°C			Liter
	Einmaischen	°C	Min.		
	Aufheizen auf	°C			
	Eiweißrast	°C	Min.		
	Aufheizen auf	°C			
	Maltoserast	°C	Min.		
	Aufheizen auf	°C			
	1. Verzuckerungsrast	°C	Min.		
	Jodprobe				
	2. Verzuckerungsrast	°C	Min.		
	Jodprobe				
	Abläutern				
	Nachguß	°C			ca. Liter
	Kontrolle Würzegehalt			%	
	Würze einstellen			%	Liter
	Aufheizen auf	100 °C			
	Würzekochung	100 °C	Min.		
	1. Hopfengabe				%
	2. Hopfengabe				%
	Ausschlagen				
	Abkühlen auf	°C			
	Kontrolle Stammwürze			%	
	Anstellen/Hefe				ml
	Gärung	ca. °C			
			Tage		
	Lagerung	ca. °C			
			Wochen		

Biersorten
im Überblick

Nur vier Zutaten erlaubt uns das traditionelle Bayerische Reinheitsgebot von 1516. Und doch entsteht aus dieser eng begrenzten Zutatenliste eine geradezu unglaubliche Vielfalt an Biersorten und Biertypen. Allein in Deutschland gibt es zwischen 5000 und 6000 verschiedene Biere.

In früheren Zeiten wurden die Unterschiede vor allem durch die Herkunft und damit durch die örtliche Wasserhärte bestimmt. Typische Beispiele sind Pilsen, München und Dortmund. Diese Städte entwickelten und prägten durch ihr Wasser eine jeweils völlig eigene Biertradition.

Heutzutage spielen Parameter wie Härte oder Salzgehalt praktisch keine Rolle mehr. Mit Hilfe moderner Technik läßt sich nahezu jedes Wasser auf die für die jeweilige Biersorte nötigen Werte einstellen. Und so werden heute auch in München, Dortmund oder Flensburg hervorragende Biere nach Pilsener Art gebraut. Auf diese Weise hat sich das Pils zur beliebtesten und deshalb auch umsatzstärksten Biersorte entwickelt.

Erfunden wurde die Pilsener Brauart übrigens erst im Jahr 1842 von einem Mann namens Josef Groll. Und der stammte interessanterweise nicht aus Pilsen, sondern aus dem bayerischen Vilshofen. Untergärige Biersorten machen heute in Deutschland insgesamt weit mehr als 80 Prozent der Produktion aus. Zu den bekanntesten obergärigen Sorten gehören das Alt, das Kölsch und die verschiedenen Weiß(Weizen)biere.

Um Ihnen weitere Anregungen für eigene Rezepturen zu liefern, finden Sie nachfolgend einen Überblick über die interessantesten Biersorten und ihre Charaktermerkmale. Zu den Kriterien gehören die Bierart (ober-/untergärig), die Stammwürze, der Alkoholgehalt, der Geschmack (Aroma), die Blume und das Aussehen.

Sorte*	Aroma	Blume	Aussehen	Stammwürze in %	Alkohol in % Vol.
Einfachbier (u/o)	dünn	schwach	hell oder dunkel	2 – 5,5	0,5 – 1,8
Schankbier (o)	vollmundig	malzig	hell	7 – 11	0,5 – 3,5
Pils (u)	ausgeprägt feinherb, prickelnd	ausgeprägt hopfenblumig	hell	> 11	ca. 5
Dortmunder Typ (u)	vollmundig, dezente Hopfennote	leicht hopfenblumig	goldgelb	12,5 – 13	ca. 6
Münchner Typ (u)	vollmundig, dezente Hopfennote	leicht malzblumig	hell oder dunkel	14 – 15	4,5 – 5
Hell/Lager (u)	süffig, schlank, mild	feinwürzig	hell	> 11	ca. 5
Märzen (u)	süffig, leichte Süße, körperreich	malzblumig	bernstein	> 13	ca. 6
Bock hell/dunkel (u)	sehr vollmundig, süffig, dezente Hopfennote	malzblumig, weinig	hell bis goldgelb bzw. dunkel	16 – 18	ca. 7
Doppelbock (u)	ausgeprägt vollmundig, leichte Karamelnote, wuchtig	ausgeprägt malzblumig, weinig	dunkel oder hell	> 18	> 7,5
Dunkles/ Export dunkel (u)	malzaromatisch, vollmundig	malzblumig	feurig dunkel	12	ca. 5,5
Export hell (u)	vollmundig, weich, abgerundete Bittere	leicht malzblumig	goldgelb	> 12	ca. 5,5
Eisbier (u)	sehr weich, sehr mild, schlank	dezente Blume	sehr hell	> 11	ca. 5

Sorte*	Aroma	Blume	Aus-sehen	Stamm-würze in %	Alkohol in % Vol.
Zwickelbier (u)	vollmundig, leicht hopfen-bitter, wenig CO_2	hefeblumig	bernstein	12	ca. 5
Rauchbier (u)	rauchig, malz-aromatisch, vollmundig	rauchig, dezent malzblumig	bernstein bis dunkel	> 11	ca. 5
Schwarzbier (u)	röstaromatisch, hopfenbitter	malzblumig, hopfenblumig	tief-dunkel	> 11	ca. 5
Eisbock (u)	malzaroma-tisch, süß	stark malzblumig	dunkel bis schwarz	28	11 – 12
Leichtes Weizen (o)	schlank, spritzig, mild, hefe-aromatisch	hefeblumig, leicht fruchtig	bern-stein, trüb	> 7	ca. 3
Kristall-weizen (o)	dezent, sehr spritzig	leicht hefeblumig	hell, perlend	> 11	ca. 5,5
Weizen, hell (o)	spritzig, mild, frucht-aromatisch	hefeblumig, leicht würzig	hell bis gold, trüb	> 11	ca. 5,5
Weizen, dunkel (o)	spritzig, mild, leicht fruchtig, leicht malz-aromatisch	hefeblumig, dezent malzblumig	dunkel, trüb	> 11	ca. 5,5
Weizenbock (o)	vollmundig, fruchtig, weinig	hefeblumig	gold bis dunkel, trüb	16 – 18	ca. 7,5
Alt (o)	vollmundig, betont hopfenbitter	hopfen-blumig	kupfer-farben bis rot	12	ca. 4,5
Kölsch (o)	vollmundig, betont hopfenbitter, aromatisch	hopfen-blumig	hell	11,5	ca. 4,5

* (u) = untergärig; (o) = obergärig

Die Biersteuer

Historisches

Die heute geltenden Gesetze über Zutaten und Steuern resultieren aus einer mehrere Jahrhunderte langen geschichtlichen Entwicklung. Schon sehr früh bemühten sich Obrigkeiten und Instanzen um qualitativ hochwertige und zugleich preiswerte Biere. Das lag vor allem an der Bedeutung des Gerstensaftes als Grundnahrungsmittel. Frühe Vorschriften zu Qualität und Preis des Bieres wurden beispielsweise bereits 1156 für Augsburg, 1293 für Nürnberg oder 1363 für München erlassen.

In der zweiten Hälfte des 15. und im frühen 16. Jahrhundert häuften sich dann regionale Bestimmungen zur Herstellung und vor allem zum Preis der Biere.

Der Adel erkannte schließlich die enorme Bedeutung des Bieres als sprudelnde Steuerquelle und zog das Braurecht an sich. Ein besonders augenfälliges Beispiel dafür ist die Errichtung sogenannter „Weißer Brauhäuser" im damaligen Herzogtum Bayern. Im Jahr 1520 – also nur vier Jahre nach dem Erlaß des Bayerischen Reinheitsgebotes – verlieh der „Mit-Urheber" des Gebotes, Ludwig X., seinem Landhofmeister Hans Sigismund von Degenberg das Privileg, Weizenbier für das gesamte Gebiet des Bayerischen Waldes herzustellen. Als 1567 das Brauen von „Weißem Bier" im ganzen Herzogtum Bayern wegen der Weizenknappheit verboten wurde, blieben allein die Degenberger von diesem Verbot ausgenommen. Das alles natürlich gegen gutes Geld.

Durch die spätere Errichtung weiterer priviligierter „Weißer Brauhäuser" und die Vergabe von Weißbier-Braurechten gegen Entgelt sicherten sich nahezu alle späteren Landesherren eine bedeutende staatliche Einnahmequelle. Noch heute beziehen zahlreiche deutsche Adelshäuser ihre Einkünfte aus größeren und kleineren Brauereien.

Biersteuer heute

Während früher der Adel gute Geschäfte mit den Braurechten mach-te, ist es heute der Staat. Unsere Biersteuer ist damit die logische Fortsetzung der Prinzipien des Mittelalters. Früher bezahlten die Brauer für das Braurecht und verdienten dann am Verkauf des Bie-res. Heute bedient sich der Staat gleich doppelt. Zum einen über die Biersteuer, die von den Brauereien entrichtet werden muß (derzeit rund 2 Milliarden Mark pro Jahr) und zum anderen über die Steu-ern, die bei der Vermarktung (Mehrwertsteuer etc.) des Bieres an die Konsumenten anfallen.

Gesetzlich geregelt sind die Abgaben im Biersteuergesetz von 1993 und in der dazugehördenden Durchführungsverordnung von 1994. Für Sie als Hobby-Brauer sind vor allem die folgenden Punk-te wichtig:

◆ Bevor Sie mit dem Brauen beginnen, sind Sie dazu verpflichtet, das zuständige Hauptzollamt über Ihr Vorhaben zu informieren. Auch als Hobby-Brauer unterliegen Sie nämlich der Steueraufsicht durch den Staat. Aber keine Sorge: Es genügt, wenn Sie dem Zoll-amt in einem formlosen Brief mitteilen, daß Sie die Absicht haben, selbst Bier zu brauen. Dieses Schreiben muß folgenden Angaben enthalten: Name, Anschrift, vorgesehene Biermenge und Stamm-würzegehalt des Bieres.

◆ Bei einer Jahresproduktion von weniger als 200 Litern Bier sind Sie von der Biersteuer befreit. Voraussetzung dafür ist allerdings, daß Ihr Gerstensaft ausschließlich für den eigenen Bedarf bestimmt ist und Sie ihn nicht an andere verkaufen.

◆ Falls Sie jährlich mehr als 200 Liter für den eigenen Verbrauch brauen, müssen Sie beim Hauptzollamt eine Biersteuererklärung abgeben. Spätester Abgabetermin ist der siebte Tag des Folgemo-nats. Entsprechende Formulare bekommen Sie bei den Zollämtern.

Da jedoch kaum ein Hobby-Brauer bereits zu Jahresbeginn weiß, ob er die 200-Liter-Marke überschreiten wird und er somit Biersteuer bezahlen muß, empfiehlt es sich auf jeden Fall, Buch zu führen, um dann eventuell eine Nachmeldung abgeben zu können.

Die Höhe der Biersteuer richtet sich nach dem Stammwürzegehalt des Bieres und ist leicht selbst auszurechnen. Sie beträgt 0,77 DM je Prozent Stammwürze und Hektoliter.

Beispiel: Sie haben 30 Liter Bier mit einem Stammwürzegehalt von 11 Prozent gebraut. Die Biersteuer beträgt demnach:

0,3 (Hektoliter) x 11 (Prozent) x 0,77 DM = 2,54 DM

Stammwürze und Alkoholgehalt

Nach der Bierverordnung werden die Biere heute in vier Steuerklassen eingeteilt. Maßgeblich dafür ist der Stammwürzegehalt. Der Gesetzgeber unterscheidet zwischen Einfachbier (2 bis 2,5 Prozent), Schankbier (7 bis 8 Prozent), Vollbier (11 bis 14 Prozent) und Starkbier (mehr als 14 Prozent).

Die früher üblichen „Lückenbiere" zwischen diesen Stufen sind nicht mehr zulässig. Das gilt aber natürlich nicht für die Hobby-Brauerei. Sie können die Stammwürze Ihres Bieres und damit natürlich auch den Alkoholgehalt beliebig steuern und variieren. Die Zusammenhänge zwischen diesen beiden Werten sind dabei relativ einfach.

Der mit der Bierspindel gemessene Stammwürzegehalt gibt das spezifische Gewicht der Würze und damit den Gehalt an im Wasser gelösten Stoffen an. Ein Bier mit 11 Prozent Stammwürze enthält demnach vor der Gärung pro 100 Gramm einen Anteil von 11 Gramm an vergärbaren und unvergärbaren Stoffen. Der Rest (89 Gramm) ist Wasser. Da bei der Gärung selbstverständlich nur die vergärbaren Anteile in Alkohol und Kohlensäure umgesetzt werden können, hat der Alkoholgehalt nur indirekt mit der Stammwürze zu tun. In der Regel entspricht der Alkoholgehalt des fertigen Bieres in etwa einem Drittel bis zwei Fünftel der Stammwürze vor dem Anstellen.

Beispiel: 12 Prozent Stammwürze, 1 Drittel davon = 4 Prozent Alkohol

114

Wichtig: Bei dieser Angabe handelt es sich um „Gewichtsprozente". Der normalerweise auf Bieretiketten zu findende Wert meint dagegen „Volumenprozente" (4 Gewichtsprozente entsprechen etwa 5 Volumenprozenten).

Die unterschiedlichen Werte (bei gleichem Alkoholgehalt!) sind begründet in der geringeren Dichte des Alkohols im Vergleich zu Wasser (Alkohol = 0,79 g/cm^3, Wasser = 1,0 g/cm^3). Anders gesagt: 1 Liter Wasser hat eine größere Masse („wiegt" mehr) als 1 Liter Alkohol.

Um die Gewichtsprozente Ihres Bieres in die im Handel gebräuchlichen Volumenprozente umzurechnen, benutzen Sie einfach folgende Formel:

Gewichtsprozent : 0,79 = Volumenprozent

Beispiel: Sie haben bei Ihrem vollständig vergorenen Bier einen Alkoholgehalt von 4 Prozent ermittelt (= 1 Drittel der Stammwürze). Daraus ergibt sich folgender Alkoholgehalt in Volumenprozent:

4 (Prozent) : 0,79 = 5,06 Volumenprozent

Bierfehler

Bier ist ein lebendiges Nahrungsmittel. Dementsprechend ist der Brauerfolg natürlich auch nicht 100prozentig vorauszuberechnen. Zu viele verschiedene Faktoren beeinflussen die Qualität des fertigen Produkts.

So kommt es vor, daß Ihr Bier trotz aller Sorgfalt sauer schmeckt, zu bitter ist, keinen Schaum bildet, zuwenig Kohlensäure besitzt oder erst gar nicht zu gären beginnt. Meist gibt es für diese Pannen nicht nur eine einzelne Ursache. In der Regel resultieren diese Bierfehler aus einer Kombination der unterschiedlichsten Gründe, die möglicherweise bereits mit den von Ihnen verwendeten Rohstoffen zu tun haben.

Wenn Sie jedoch genau den in diesem Buch beschriebenen Arbeitsschritten folgen, auf die notwendige Hygiene achten und die angegebenen Temperaturen und Zeiten einhalten, werden Sie vermutlich kaum Probleme bekommen. Aber wie gesagt: Eine Garantie gibt es beim Brauen leider nie. Die nachfolgende Tabelle soll Ihnen helfen, mögliche Fehler bei Ihren Brauversuchen zu vermeiden oder bereits aufgetretene Probleme so weit als möglich zu korrigieren.

Als sehr hilfreich werden sich in diesem Zusammenhang auch Ihre sauber und korrekt geführten Brau- und Gärkellerprotokolle erweisen. Wenn Sie darin tatsächlich jeden einzelnen Arbeitsschritt eingetragen haben, können Sie jeden Sud exakt nachvollziehen und somit den möglichen Ursachen eines Bierfehlers wesentlich leichter auf die Spur kommen.

Übrigens: Auch wenn Ihre Anstellwürze einmal nicht gleich gären will, ist das noch lange kein Grund zu verzweifeln.

Bewahren Sie die Ruhe, denn eventuell ist der Sud doch noch zu retten. Die richtigen Tips dazu bekommen Sie auf den folgenden Seiten.

Bierfehler	Ursache	Vermeidung/Beseitigung
Gärung		
Bier gärt nicht	Hefe zu alt, verbraucht.	Frische Hefe ansetzen. Geöffnete Packungen möglichst bald verbrauchen.
	Hefe durch zu heiße Anstellwürze inaktiv.	Auf korrekte Anstelltemperatur achten. Würze noch einmal abkochen und mit frischer Hefe neu anstellen.
Gärung zu langsam	Zuwenig Hefe.	Hefemenge erhöhen.
	Hefe zu träge.	Trockenhefe früher aktivieren. Hefe nicht zu häufig „führen".
	Gärtemperatur zu niedrig.	Auf korrekte Anstelltemperatur achten.
	Schwankende Gärtemperatur.	Schwankungen vermeiden.
	Würze enthielt beim Anstellen zuwenig Sauerstoff.	Würze vor dem Anstellen durch Rühren kräftig belüften.
	Malz überaltert, kein/zuwenig vergärbarer Zucker vorhanden.	Auf Malzqualität achten.
	Zuwenig vergärbarer Zucker vorhanden.	Zeiten für Maltose- und Verzuckerungsrast einhalten. Kontrollieren, ob Würze süß schmeckt.
	Fremdkeime in der Würze (wilde Hefen, Milchsäurebakterien).	Gärbehälter gründlich reinigen. Anstellwürze noch einmal aufkochen, abfiltern, abkühlen und neu anstellen.
	Zu viele Trubstoffe in der Würze.	Feinere Filter verwenden. Würze noch einmal aufkochen, abkühlen und neu anstellen.
Trübung		
Heißtrub	Kochzeit zu kurz oder Abkühlzeit zu lang.	Würze länger kochen und schneller abkühlen. Längere Lagerung.
Kalttrub	Spielt für Qualität keine Rolle.	Keine Maßnahmen erforderlich.

Bierfehler	Ursache	Vermeidung/Beseitigung
Hefetrübung	Zuviel Hefe geschlaucht.	Gärgefäß beim Schlauchen nicht bewegen. Lagerzeit verlängern.
Lagertrübung	Zu viele Proteine und Peptide in der Würze.	Heißtrub besser abtrennen/filtern.
	Schwermetallionen in der Würze (Kupfer, Eisen, Zinn).	Brauwasser kontrollieren lassen. Kochtöpfe austauschen.
CO_2		
Zuwenig Kohlensäure	Hoher CO_2-Verlust beim Abfüllen.	Langsamer abfüllen. Schlauch immer bis zum Flaschenboden einführen.
	Hauptgärung war bereits abgeschlossen, zuwenig Restzucker für CO_2-Bildung in der Flasche.	Abfüllzeitpunkt genauer festlegen (Schnellvergärungsprobe + Spindelprobe). Zucker zugeben (ca. 1 Teelöffel/Liter) und Nachgärung bei höherer Temperatur verlängern (entspricht nicht dem Reinheitsgebot!). Bier mit anderem Sud verschneiden.
	Zuwenig Hefe in den Flaschen.	Einige Körnchen Trockenhefe in die Flaschen geben.
	Temperatur bei der Nachgärung zu niedrig.	Bier in den ersten Tagen bei Zimmertemperatur lagern.
	Nachgärtemperatur zu hoch.	Bier kühler lagern.
	Nachgärung zu kurz.	Nachgärzeit verlängern.
	Dichtgummis an den Flaschen defekt.	Dichtgummis erneuern. Eventuell Drahtbügel nachbiegen, um Gummi-Anpreßdruck zu erhöhen.
	Spülmittelreste in den Flaschen.	Flaschen besser mit heißem Wasser ausspülen.
Zuviel Kohlensäure	Hauptgärung war noch nicht abgeschlossen, zuviel Restzucker vorhanden.	Abfüllzeitpunkt genauer festlegen (Schnellvergärungsprobe + Spindelprobe). Überdruck (Achtung: Explosionsgefahr!) vorsichtig entweichen lassen (am Anfang mehrmals täglich). Bier sehr kalt lagern.

Bierfehler	Ursache	Vermeidung/Beseitigung
Zuviel Kohlen-säure (Forts.)	Aluminiumspuren in Würze oder Bier.	Keine Alutöpfe oder -geräte verwenden.
Schaum		
zuwenig Schaum	Eiweißgehalt des Gerstenmalzes zu gering.	Der Schüttung etwas Weizenmalz oder Röstgerste zumischen.
	Einmaischtemperatur zu gering.	Einmaischtemperatur erhöhen.
	Eiweißrast zu lange.	Eiweißrast verkürzen. Würze möglichst klar abläutern.
	Zuwenig Hopfen oder Hopfen zu alt oder qualitativ zu schlecht.	Mehr Hopfen zusetzen. Auf Qualität achten. Zweite (letzte) Hopfengabe nicht zu spät ansetzen.
	Würzekochung zu lange.	Kochzeit einhalten bzw. beim nächsten Sud etwas verkürzen.
	Zuviel Heißtrub in der Würze.	Heißtrub durch feinere Filter besser ausschlagen.
	Temperatur bei Hauptgärung zu hoch.	Gärtemperatur einhalten.
	Lagertemperatur zu hoch.	Bier kälter lagern.
Aroma		
Hopfenbitter	Hopfenmenge zu groß.	Weniger Hopfen zusetzen bzw. exakten Bedarf berechnen.
	Wasser sehr hart, weniger Hopfen erforderlich.	Weicheres Wasser verwenden.
Eiweißbitter	Maischeprozeß zu kurz.	Zeiten und Temperaturen genau einhalten.
	Unzureichende Würzekochung.	Kochzeit verlängern. Darauf achten, daß Würze sprudelnd kocht.
	Zuviel Heißtrub.	Feinere Filter verwenden.
Gerbstoff-bitter	Maischeprozeß zu lang.	Zeiten und Temperaturen genau einhalten.
	Brauwasser zu hart.	Weicheres Brauwasser verwenden.

Bierfehler	Ursache	Vermeidung/Beseitigung
Gerbstoff-bitter (Forts.)	Schlechter Hopfen.	Auf Qualität achten. Hopfen nicht zu lange, luftdicht und kühl lagern.
Hefebitter	Zu langsame Hauptgärung.	Gärung genau überwachen und gegebenenfalls korrigieren.
Hefig	Zu langsame Angärung.	Gärung genau überwachen und gegebenenfalls korrigieren.
	Nachgärung zu warm.	Bier bei geringerer Temperatur lagern.
	Nachgärung zu früh zum Stillstand gekommen.	Bier in den ersten Tagen wärmer lagern. Eventuell etwas Zucker zusetzen.
Malzig	Zuwenig Hopfen.	Bier stärker hopfen. Fertiges Bier eventuell durch Verschneiden trinkbar machen oder Flüssighopfen zusetzen.
Sauer/ abartig	Infektion durch Milch-, Essig- oder Buttersäure-bakterien. Infektion durch wilde Hefen.	Auf peinlichste Hygiene achten. Gärung genau überwachen und gegebenenfalls korrigieren. Hefemenge erhöhen.

Zusammenfassend noch einmal die wichtigsten Kriterien für Ihr „Selbstgebrautes":

◆ Der angenehme **Geschmack** beruht auf dem Kohlensäuregehalt, dem Gehalt an Tanin, Hopfenbitterstoffen, Estern, Aminosäuren und anderen normalen Bierbestandteilen.

◆ Die **Vollmundigkeit** (der sogenannte „Körper") wird durch den Stammwürzegehalt bedingt.

◆ Zum Biergeschmack gehört als wesentliches Kriterium aber auch die **Schaumbildung**. Zu beachten ist hier das Schaumvolumen (bedingt durch den Kohlensäuregehalt), die Schaumdichte und insbesondere die Schaumhaltigkeit (bedingt durch Eiweißabbauprodukte, Hopfenbitterstoffe und Pentosane).

Bierfehler oder „Bierkrankheiten" werden meist durch unsachgemäße Herstellung oder Lagerung verursacht.

Am unangenehmsten sind in der Regel Verunreinigungen durch Fremdkeime. Wie bereits im Abschnitt über den Hopfen beschrieben, kann Bier jedoch prinzipiell keine gesundheitsschädlichen oder krankheitserregenden Keime enthalten. Verantwortlich dafür sind vor allem die Inhaltsstoffe des Hopfens, aber auch der Alkoholgehalt, der relativ niedrige pH-Wert und der Gehalt an Kohlensäure.

Es gibt allerdings einige Keimarten, die sich im Bier mindestens genauso wohl fühlen wie die von Ihnen zugesetzte Hefe. Am gefährlichsten sind die Milchsäurebakterien. Sie stören die alkoholische Gärung erheblich und verursachen einen widerlich sauren Geschmack. Mit Lactobazillen (zum Beispiel *Lactobacillus bulgaricus:* ein wichtiger Keim für die Joghurtherstellung) verunreinigtes Bier ist nicht mehr genießbar und muß entsorgt werden.

Unangenehme Folgen kann auch eine Infektion mit Pedicokken *(Pediococcus cerevisiae)* haben. Diese Keime verursachen einen erhöhten Diacetylgehalt des Bieres. Das Vorläuferprodukt von Diacetyl ist das Acetolactat. Es wird während der Hauptgärung von den Hefezellen assimiliert, d.h. verstoffwechselt. Nachdem das Bier zu Nachgärung auf Flaschen umgefüllt wurde, enthält es kaum noch Hefe. Nun entsteht aus dem Acetolactat das Diacetyl, ein Stoff, der äußerst geruchs- und geschmacksintensiv ist und dem Bier ein butterartiges Aroma verleiht. Bei leichteren Infektionen ist das Bier noch genießbar. Stärkere Infektionen führen zum völligen Verderb.

Das gilt vor allem für *Pediococcus viscosus,* einen anderen Vertreter der sogenannten Sarcina-Organismen. Dieser Keim bildet Schleim und sorgt so neben der Geschmacksbeeinträchtigung auch noch für ein äußerst unangenehmes Aussehen des „Biers".

Gerstensaft ist äußerst licht- und luftempfindlich. Wie erwähnt, sollten Sie Ihr Bier deshalb möglichst in dunklen Flaschen lagern. Zur Vermeidung von durch Luftsauerstoff bedingten Farb- und Geschmacksfehlern können Sie dem fertigen Bier in geringen Mengen Ascorbinsäure („Vitamin C") zusetzen. Pro Flasche genügt in der Regel eine Messerspitze.

Besonders unangenehm sind aber natürlich solche Braufehler, die sich geschmacklich nicht auswirken, die Genußtauglichkeit des Bieres aber dennoch beeinträchtigen. Dazu gehört vor allem ein be-

stimmtes Gärungsnebenprodukt, der sogenannte Amylalkohol. Es handelt sich dabei um eine Verbindung, die bereits ab einer Konzentration von 40 Milligramm pro Liter für Kopfschmerzen sorgt.

Alle diese unerwünschten Nebenprodukte lassen sich jedoch durch eine korrekte Gärführung vermeiden. Auch wenn eine erhöhte Gärtemperatur vielleicht einen Zeitgewinn von ein bis zwei Tagen bringt: Gönnen Sie Ihrem Bier die nötige Muße zum Gären und Reifen. Letztendlich zählt nicht die Zeit, sondern nur das Ergebnis. Und das soll doch schließlich ein wunderbares und wohlschmeckendes Bier sein.

Alles in allem sollte der Spaß beim Bierbrauen zu Hause immer im Vordergrund stehen. Genießen Sie dieses unvergleichliche Freizeitvergnügen und lassen Sie sich auch durch den einen oder anderen Fehlschlag nicht gleich aus der Ruhe bringen.

Kleines Brauerlexikon

Abläutern: Trennen der Maische in Treber (feste Bestandteile) und Bierwürze (flüssige Bestandteile). Die Maische wird dabei abgegossen bzw. abgefiltert. Als Hilfsmittel dazu dienen ein Läuterbottich oder verschiedene Sieb- und Filtersysteme.

Abschöpfen: „Reinigung" der Kräusen. Entfernen überflüssiger Hefe und unerwünschter Gärungsprodukte während und nach der Hauptgärung.

Acetaldehyd: Gärungsindikator. Neben- bzw. Zwischenprodukt bei der alkoholischen Gärung. Riecht stechend, in niedriger Konzentration auch fruchtig. Ausgangsstoff für zahlreiche Aromakomponenten des Biers.

Acetoin: Gehört zur Gruppe der Ketone. Entsteht als Nebenprodukt bei der Gärung.

Alkohol: Zusammen mit der Kohlensäure das wichtigste Produkt bei der „alkoholischen" Gärung. Wenn vom Alkoholgehalt gesprochen wird, ist damit in der Regel ausschließlich Äthanol bzw. Ethanol gemeint.

Alpha-Amylase: siehe „Amylasyen".

Alpha-Bittersäure: Wichtiger, weil aromaprägender Bestandteil des Hopfens. Siehe auch Humulon.

Aminosäuren: Grundbausteine von Eiweiß. Stickstoffhaltige, organische Säuren, die die Hefezellen für ihren Stoffwechsel benötigen. Die Qualiät der Gerste, der Malzprozeß und das Maischen beeinflussen den Gehalt an Aminosäuren in der Würze.

Amylasen: In allen Getreidearten vorkommende Enzyme, die sich beim Mälzen bilden. Je nach Wirkungsweise unterscheidet man die Alpha- und die Beta-Amylase. Die Alpha-Amylase gehört zu den Glycosidasen, das heißt, sie hydrolisiert (spaltet) Stärke und Glykogen im Inneren der Moleküle. Aus Amylose entstehen dabei mittellange Zucker mit 6 bis 7 Glucoseeinheiten. Amylopektin wird wahllos gespalten. Die Alpha-Amylase „verflüssigt" die Stärke, wodurch die Jodfärbung verschwindet. Erst bei längerer Einwirkzeit entsteht auch Maltose. Die Beta-Amylase hingegen spaltet von langkettigen Zuckern (Polysacchariden) vom Ende her eine Maltoseeinheit nach der anderen ab. Die beim Mälzen entstehende Menge an Beta-

123

Amylase ist deutlich höher als die Konzentration der Alpha-Amylase.

Amylalkohol: Unerwünschtes Stoffwechselprodukt der Hefe. Entsteht vor allem durch zu schnelle Gärung. Eine zu hohe Konzentration (mehr als 40 mg pro Liter) verursacht Kopfschmerzen.

Amylose: Beinahe unverzweigtes Polysaccharid (langkettiger Zucker) aus Glucoseeinheiten. Wird durch Alpha-Amylase in Maltose zerlegt. Bei Beta-Amylase bleibt manchmal ein geringer Prozentsatz an längerkettigen Verbindungen übrig. Ursache dafür sind vermutlich einzelne Verzweigungen innerhalb der Moleküle.

Amylopektin: Im Gegesatz zur Amylose ist Amylopektin stark verzweigt. Aus diesem Grund wird es beim Maischen auch nicht vollständig hydolysiert (zerlegt). Schon kurz vor den Verzweigungsstellen kommt die Reaktion zum Stillstand. Aus diesem Grund können die Amylasen maximal 80 Prozent der vorhandenen Polysaccharide zu Maltose umbauen.

Anschwänzen: Gründliches Auswaschen des Trebers mit 78 °C heißem Brauwasser (= Nachguß). Dadurch sollen möglichst alle vergärbaren Substanzen gewonnen werden.

Anstellen: Zugabe der Hefe zur (Anstell-)Würze. Durch das Anstellen wird die Gärung in Gang gesetzt.

Aromahopfen: Besondere Hopfensorte, die maßgeblich das Aroma des Bieres bestimmt. Hoher Gehalt an Hopfenölen, Weich- und Hartharzen. Deutlich teurer als Bitterhopfen.

Ascorbinsäure: Offizieller Begriff für „Vitamin C". Verhindert Oxidationsprozesse (Reaktionen von Inhaltsstoffen mit Sauerstoff) im Bier und wirkt somit stabilisierend.

Beta-Amylase: siehe „Amylasen".

Beta-Bittersäure: Wichtiger, weil aromaprägender Bestandteil des Hopfens. Siehe auch Lupulon.

Bierspindel: Meßgerät zur Bestimmung der Menge an gelösten Substanzen in der Würze. Das Verhältnis von gelösten Stoffen zum Wasser wird in Prozent angegeben und als Stammwürze bezeichnet.

Bittere: Bezeichnet den vom Hopfen geprägten, leicht bitteren Geschmack des Bieres. Sensorische (also geschmackliche) „Meßgröße" für den Gehalt an Hopfen.

Chloramin: In Brauereien häufig eingesetztes Desinfektionsmittel für Flaschen. Bei unsachgemäßer Handhabung sehr gefährlich.

Darren: Trocknung bzw. Röstung des gekeimten Getreides in der Mälzerei. Die Temperaturen liegen dabei je nach Malzart zwischen 50 und 200 °C.

Dekoktion: Bestimmte Verfahrenstechnik beim Maischen des Malzes. Dazu werden Teile der Maische entnommen, in einem eigenen Behälter gekocht und anschließend wieder der Hauptmaische zugefügt. Auf diese Weise kann die Ausbeute an Inhaltsstoffen erhöht werden. Das Verfahren ist jedoch wesentlich aufwendiger als das Infusionsverfahren und deshalb für die Hausbrauerei nicht empfehlenswert.

Dextrine: Abbauprodukt der Getreidestärke. Wird deshalb auch als Stärkekleister bezeichnet. Dextrine sind ein Gemisch aus verschieden langen Zuckern aus einzelnen Glucoseeinheiten. Sie entstehen durch den Angriff der Alpha-Amylase in der Mitte der Polysaccharide (Stärke) und werden im Laufe des Maischeprozesses größtenteils zu vergärbarem Zucker (Maltose) umgesetzt.

Dextrose: Anderer Begriff für Glucose. Nicht zu verwechseln mit den Dextrinen.

Diastase: Oberbegriff für α- und β-Amylasen. Unter Diastase versteht man bestimmte Enzyme, die in der Lage sind, Stärke in kleinere, vergärbare Zuckereinheiten zu zerlegen.

Disaccharid: „Zweier-Zucker". Ein Kohlenhydrat, das aus zwei Mono-(Einzel-)Sacchariden besteht. Z. B. Maltose (2 x Glucose) oder der „Haushaltszucker" Saccharose (1 x Fructose und 1 x Glucose).

Endvergärungsgrad: Zusammengefaßt gibt er die Summe der in der Würze enthaltenen vergärbaren Kohlenhydrate an, ausgedrückt in Prozent des Gesamtextraktes. Der Endvergärungsgrad ist damit der höchstmögliche erreichbare Vergärungsgrad der Anstellwürze.

Enzyme: Enzyme sind Biokatalysatoren. Das sind Stoffe, die biochemische Prozesse auslösen oder beschleunigen können. Voraussetzung für ihre Wirksamkeit sind immer bestimmte Temperaturen, pH-Werte und verschiedene andere Kriterien. Ein etwas älterer Begriff für Enzyme ist „Fermente". Die einen „Bio-Katalysatoren" sind für den Abbau von Stärke (Amylasen) verantwortlich. Die anderen wiederum für die Zerlegung von Eiweiß (Proteinasen) oder Fett (Lipasen) in kleinere und damit für die Hefe verwertbare Moleküleinheiten. Aus Stärke wird Maltose (Malzzucker) und aus Eiweiß werden Aminosäuren.

Ester: Hocharomatische Verbindungen aus Alkoholen und Säuren. Ester sind zu einem Großteil für die fruchtigen Aromabestandteile des Bieres verantwortlich.

Ethanol: Moderne Schreibweise für Äthanol. Farblose, leicht brennbare Flüssigkeit mit einem brennenden Geschmack. Zusammen mit der Kohlensäure wichtigstes Produkt der „alkoholischen" Gärung.

Farbmalz: Spezielles, bei hohen Temperaturen gedarrtes Malz, das zum Färben dunkler Biere verwendet wird. Um Geschmacksbeeinträchtigungen zu vermeiden, sollte der Anteil nie mehr als max. 2 Prozent der Gesamtschüttung betragen.

Filtrierung: In Brauereien eingesetzte Methode, um eventuell vorhandene Trubstoffe und Heferückstände aus dem fertigen Bier zu entfernen. Durch die Klärung wird das Bier „blank", wie der Fachmann sagt. Ungefilterte Biere nennt man Zwickelbiere.

Flüssigmalz: Industriell gefertigtes Malz, das den zeitaufwendigen Maischeprozeß erspart.

Formaldehyd: Desinfektions- und Konservierungsmittel. Farbloses, stechend riechendes Gas, das vor allem als wässrige Lösung (ca. 30prozentig) eingesetzt wird.

Fructose: „Fruchtzucker". Ein Einfachzucker (Monosaccharid), der sehr leicht von der Hefe verstoffwechselt wird.

Führung: Bezeichnet den Einsatz der Hefe beim Gärprozeß. Je nach Hefeart (unter- oder obergärig) kann die Hefe unterschiedlich oft „geführt", das heißt eingesetzt werden. Unter „Führung" versteht man aber auch die Kontrolle und Regulation der Temperaturen und Zeiten beim Maischen oder bei der Gärung.

Gärung: Umwandlung von vergärbaren Zuckern zu Alkohol, Kohlensäure und diversen Gärungsnebenprodukten (verantwortlich für Aroma und Bekömmlichkeit). Die Hefezellen verstoffwechseln dabei die in der Würze

gelösten und für sie verwertbaren Kohlenhydrate, Proteine und Mineralstoffe.

Glattwasser: Stark verdünnte Bierwürze. Als Glattwasser wird das Ergebnis des letzten Nachgusses beim Abläutern bezeichnet.

Glucane: Hauptbestandteil der in Hafer und Gerste enthaltenen Schleimstoffe. Die β-Glucane sind lineare, das heißt unverzweigte Polysaccharide, die durch ihre hohe Viskosität (= Zähigkeit) das Abläutern und Filtern der Würze erschweren.

Glucose: Wird auch als Dextrose oder Traubenzucker bezeichnet. Das von Hefezellen sehr gut verwertbare Monosaccharid ist Grundbaustein vieler Polysaccharide wie Stärke oder Cellulose.

Grenzdextrine: Bruchstücke von Amylopektin. β-Amylase kann das Amylopektin nur bis zu den Verzweigungsstellen abbauen. Die zurückbleibenden Bruchstücke werden als Grenzdextrine bezeichnet.

Grünmalz: Zwischenprodukt bei der Mälzerei. Nach dem Keimen, aber vor dem Darren wird das Malz als Grünmalz bezeichnet. Es enthält mehr Enzyme als das gedarrte Malz, ist aber nicht lagerfähig.

Härtegrad: Maßeinheit für den Gehalt an im Wasser gelösten Salzen. In diesem Zusammenhang besonders wichtig sind Calcium- und Magnesiumcarbonat. Diese Salze bestimmen in erster Linie den „Härtegrad" des Wassers und damit seine Güte als Brauwasser. Je nach „Härte" ist das Wasser mehr oder weniger gut zum Brauen bestimmter Sorten geeignet. Die Gesamthärte des Wassers setzt sich aus der Carbonat- und der Nicht-Carbonathärte zusammen.

Hauptgärung: Erster Abschnitt des Gärprozesses, der etwa sechs bis zwölf Stunden nach dem Anstellen einsetzt. Dieser Vorgang dauert je nach Biersorte (unter- oder obergärig) zwischen zwei und zehn Tagen.

Hauptguß: Die für das Einmaischen benötigte Menge an Brauwasser.

Hefeflecken: Sich auf den Kräusen bildende braune Flecken aus stickstoffhaltigen Verbindungen, Gerbstoffen, Hopfenharzen, Bitterstoffen und anderen Trubbestandteilen. Um negative Auswirkungen auf den Geschmack des Bieres zu vermeiden, sollten die Hefeflecken täglich mit einem sauberen Löffel entfernt werden.

Hefen: Mikroorganismen, die während der Gärung die vergärbaren Zuckeranteile zu Alkohol, Kohlensäure und verschiedenen Gärungsnebenprodukten umwandeln. Als Bierhefen werden ausschließlich Saccharomyces-Arten verwendet. Man unterscheidet unter- und obergärige Hefen. Untergärige Hefen (Saccharomyces uvarum) arbeiten bei Temperaturen zwischen 5 und 10 °C, obergärige (Saccharomyces cerevisiae) hingegen bei 15 bis 25 °C. Die Unterscheidung der beiden Arten beruht auf ihren unterschiedlichen Verhaltensweisen während der Gärung. Während sich obergärige Hefen durch die Bildung von Sproßverbänden an der Oberfläche absetzen, sinken die untergärigen auf den Boden ab.

Hefestich: Unangenehm bitterer Geschmack des Bieres. Ursache sind entweder zu viele, im fertigen Bier schwebende Hefen oder eine zu dicke Schicht von abgesunkenen Hefezellen auf dem Flaschenboden.

Heißtrub: Durch die Koagulation von Stickstoffverbindungen bildet sich beim Kochen der Würze der sogenannte „Heiß-" oder „Kochtrub". Er besteht zu 50 bis 60 Prozent aus Ei-

weiß, zu etwa 20 Prozent aus anderen organischen Stoffen (vor allem Polyphenole), 15 Prozent des Heißtrubs sind Bitter- und Gerbstoffe und 5 Prozent bestehen aus Mineralstoffen und Kohlenhydraten. Substanzen, die im Bier nichts verloren haben und deshalb mit Hilfe von feinen Filtern vor der Gärung entfernt werden.

Humulon: Bitterstoff, wichtiger Bestandteil des Hopfens. Bildet zusammen mit dem Cohumulon und dem Adhumulon die Gruppe der Alpha-Bittersäuren.

Hydrogenkarbonate: Salze der Kohlensäure. Zum Beispiel Natrium-Hydrogencarbonat oder Calcium-Hydrogencarbonat.

Hydrolyse: Spaltung von organischen oder anorganischen Verbindungen durch Wasser.

Infusion: Einfaches Maischverfahren, bei dem die gesamte Malz- und Wassermenge auf einmal verarbeitet wird. Das Infusionsverfahren ist das für die Hausbrauerei am besten geeignete Prinzip.

Jodprobe: Nach der ersten Verzuckerungsrast sollte in der Maische keine Stärke (das heißt keine Amylose und kein Amylopektin) mehr vorhanden sein. Für den Test geben Sie einige Tropfen Würze (keine festen Bestandteile) auf eine weiße Untertasse. Nach einer kurzen Abkühlphase fügen Sie ein bis zwei Tropfen der Jodlösung hinzu. Färbt sich die Probe blau oder rot, dann ist noch Stärke vorhanden. In diesem Fall sollten Sie die Verzuckerungsrast um etwa 10 Minuten verlängern. Erst wenn sich dann bei einer weiteren Jodprobe eine braune oder gelbe Verfärbung zeigt, hat sich genügend Stärke in Zucker umgewandelt. Leider läßt sich damit nicht feststellen, ob und in welcher Menge sich vergärbare Zucker aus der Stärke gebildet haben. Die Jodprobe ist also nur ein indirekter, aber dennoch absolut ausreichender Gradmesser für die Qualität des Maischeprozeßes.

Karamelmalz: Besondere Form des Malzes, das bestimmten Biersorten zur Verstärkung des Malzaromas zugesetzt wird.

Kühltrub: Beim Abkühlen trübt sich die Würze mehr oder weniger stark ein. Hervorgerufen wird diese Trübung durch den sogenannten „Kühltrub". Dabei fallen kleinste Teilchen aus der Würze aus. Sie sind jedoch so winzig (0,5 bis 1,0 Mikrometer), daß sie mit einem den Hobby-Brauern zur Verfügung stehenden Filter, nicht vollständig zu entfernen sind. Der Kühltrub ist zwar nicht gerade erwünscht, stört in der Hausbrauerei aber nicht allzusehr.

Kieselgur: Mehlartiger Mineralstoff, der in Brauereien als Filterhilfsmittel eingesetzt wird. Die nach der Lagerung noch immer leicht trüben Biere werden auf diese Weise „blank" gemacht, das heißt von allen noch vorhandenen Trubstoffen befreit.

Koagulation: Bei der Würzekochung koagulieren die darin enthaltenen Eiweiße. Das heißt, sie ballen sich zusammen und flocken dadurch aus. Den auf diese Weise entstandenen Niederschlag nennt man Heißtrub.

Kohlenhydrate: Organische Verbindungen, die in großen Mengen in Pflanzen gebildet werden (Stärke, Cellulose). Kohlenhydrate bestehen aus Kohlenstoff, Waserstoff und Sauerstoff und dienen als Energiespeicher. Das Stärkekorn der Gerste enthält zwei unterschiedliche Kohlenhydrate. Etwa ein Viertel besteht aus Amylose, das durch Enzyme vollständig

127

zu einzelnen, vergärbaren Maltose-
einheiten abgebaut wird. Das schwerer zu zerlegende, weil verzweigte
Amylopektin macht rund drei Viertel
der Gerstenstärke aus.

Kräusen: Bei der Gärung entstehen-
der Schaum aus Eiweiß, Hopfenin-
haltsstoffen und Hefe. Die Kräusen
schützen das Jungbier vor unerwünschten Keimen und anderen Verunreinigungen aus der Luft. Die sich
auf den Kräusen bildenden Hefeflek-
ken müssen regelmäßig abgeschöpft
werden.

Lipasen: Fettabbauende Enzyme, die
beim Keimen und Mälzen sowie beim
späteren Maischen eine große Rolle
spielen. Die Abbauprodukte des Fetts
sind eine wichtige Kohlenstoffreser-
ve für die Hefezellen. Das Temperaturoptimum der Lipasen liegt zwischen
35 und 40 °C sowie zwischen 65 und
70 °C.

Lupulon: Bitterstoff, wichtiger Bestandteil des Hopfens. Bildet zusammen mit dem Colupulon und dem Adhumulon die Gruppe der Beta-Bitter-
säuren.

Lupulindrüsen: Wichtigste Teile der
Hopfendolden. Enthalten neben äthe-
rischen Ölen auch die Hopfenbitterstoffe.

Maischen: Vermischen des geschro-
teten Braumalzes mit dem Brauwasser. Bei diesem Prozeß werden zunächst die schwer löslichen Bestandteile des Malzes in die Würze überführt und dann bei bestimmten Temperaturen durch Enzyme aufgespalten. Wichtig ist dabei vor allem die
Zerlegung der Polysaccharide in für
die Hefezellen verwertbare kleinere
Zuckermoleküle.

Maltase: Enzym, das Maltose in einzelne Glucosemoleküle zerlegt.

Maltose: „Malzzucker". Ein aus zwei
Glucoseeinheiten bestehendes Disaccharid („Zweierzucker"). Entsteht
beim Maischen aus der Stärke und ist
von den Hefezellen bei der Gärung
sehr leicht verwertbar.

Melibiose: Ein Zweierzucker, der vom
Enzym Melibiase in Glucose und Galactose aufgespalten wird. Melibiose
kann nur von untergärigen Hefen verstoffwechselt werden, weil nur diese
Hefeart über Melibiase verfügt.

Monosaccharide: „Einfachzucker".
Monosaccharide sind sozusagen die
Grundbausteine aller Kohlenhydrate.
Bekannteste Vertreter der Monosac-
charide sind die Glucose, die Fructo-
se und die Galactose.

Nachguß: siehe „Anschwänzen".

Natriumhydroxid: Auch bekannt als
Ätznatron. Äußerst starke Lauge, die
in Brauereien in einer Konzentration von 1,5 bis 2 Prozent zur Reinigung
der Bierflaschen eingesetzt wird. Für
die Hobby-Brauerei ist Natriumhydroxid wegen der enormen Ätzwir-
kung und den damit verbundenen Gefahren nicht zu empfehlen.

Nitrate: Salze der Salpetersäure.
Durch starke Düngung weist Trinkwasser in manchen Gebieten einen
sehr hohen Gehalt an Nitraten auf.
Dieses Nitrat kann im menschlichen
Körper zu giftigem Nitrit reduziert
werden. Zusammen mit Aminen (Ab-
bauprodukten von Eiweiß) können
als Folge krebserzeugende Nitrosami-
ne entstehen. Nicht zuletzt aus diesem Grund sollte Brauwasser möglichst keine Nitrate enthalten. Abgesehen davon reagieren auch die Hefezellen negativ auf Nitrate.

Oligosaccharide: Zucker aus mindestens vier und maximal zehn Monosacchariden. Zweierzucker heißen

„Di-" und Dreierzucker „Tri-Saccharide". Bei längeren Kohlenhydraten spricht man von Polysacchariden.

Oxidationshemmer: Stoffe, die eine Zerstörung bestimmter Substanzen durch Sauerstoff verhindern oder verzögern. Zu diesen sogenannten Antioxidantien zählt beispielsweise auch das Vitamin C (Ascorbinsäure).

Pasteurisation: Methode zur Haltbarmachung von Lebensmitteln. Milch, Saft oder auch Bier werden dazu auf Temperaturen zwischen 65 und 85 °C erhitzt. Je höher die Temperatur, desto kürzer die Einwirkzeit. Bei 85 °C sind es nur wenige Sekunden, bei 65 °C dagegen 10 Minuten. Bei der Pasteurisation werden Mikroorganismen abgetötet bzw. gehemmt und dadurch die Haltbarkeit des Lebensmittels verlängert. Durch die Erwärmung verliert vor allem das Bier jedoch sehr viel von seinem ursprünglichen Geschmack.

pH-Wert: Abkürzung für „pondus Hydrogenii". Der pH-Wert ist der „negative dekadische Logarithmus der Wasserstoffionen-Konzentration". Diese Meßgröße gibt an, ob ein Wasser sauer, neutral oder basisch (= alkalisch) reagiert. Die Skala reicht dabei von 1 bis 14. Sauer ist ein Wasser bei einem Wert zwischen 1 und 7, bei einem „pH" von genau 7 ist das Wasser neutral und bei Werten zwischen 7 bis 14 reagiert das Wasser alkalisch.

Polyphenole: Inhaltsstoffe der Gerste und des Hopfens. Polyphenole verfügen über eine eiweißfällende Wirkung und verbessern dadurch die Haltbarkeit des Bieres. Zusammen mit anderen Substanzen beeinflussen Polyphenole auch die Farbe und den Geschmack des Gerstensaftes.

Polysaccharide: Langkettige Kohlenhydrate mit mindestens dreizehn Monosacchariden. Zu den Polysacchariden zählen beispielsweise Stärke und Cellulose. In Pflanzen dienen sie als Gerüstsubstanzen und als Reservestoffe.

Proteinasen: Enzyme oder „Bio-Katalysatoren", die Eiweiß in kleinere und damit für die Hefe verwertbare Moleküleinheiten spalten.

Proteine: Eiweiße. Gerüst- und Nährstoffverbindungen, deren Moleküle aus Aminosäuren aufgebaut sind.

Proteolyse: Durch Enzyme gesteuerter Eiweißabbau.

Rohfrucht: Ungemälztes Getreide, das bei verschiedenen Biersorten zugesetzt wird.

Saccharose: Meist besser bekannt als „Haushaltszucker". Ein Disaccharid (Zweierzucker) aus den beiden Monosacchariden Glucose und Fructose. Durch Hydrolyse in die beiden Einfachzucker aufspaltbar.

Schroten: Zerkleinern des gemälzten Getreides vor dem Einmaischen.

Schüttung: Die zum Maischen benötigte Menge an Malzschrot.

Spundung: Ein praktisch nur in einer Brauerei durchführbares Verfahren, bei dem das Bier während der Nachgärung unter einem vorher eingestellten Druck gelagert wird. Dadurch kann die Kohlensäuremenge im fertigen Bier schon vorher exakt festgelegt werden.

Stärke: Für die Brauerei der wichtigste Bestandteil des Getreidekorns. Mit Hilfe von Enzymen wird die Stärke (Polysaccharid) zu kleinen, vergärbaren Zuckermolekülen abgebaut.

Stammwürze: Der mit der Bierspindel gemessene Stammwürzegehalt gibt das spezifische Gewicht der Würze und damit den Gehalt an im Wasser gelösten Stoffen an. Ein Bier mit 11 Pro-

zent Stammwürze enthält demnach vor der Gärung pro 100 Gramm einen Anteil von 11 Gramm an vergärbaren und unvergärbaren Stoffen. Der Rest (89 Gramm) ist Wasser. Da bei der Gärung selbstverständlich nur die vergärbaren Anteile in Alkohol und Kohlensäure umgesetzt werden können, hat der Alkoholgehalt nur indirekt mit der Stammwürze zu tun. In der Regel entspricht der Alkoholgehalt des fertigen Bieres in etwa einem Drittel bis zwei Fünftel der Stammwürze.

Sud: Als Sud wird die Zubereitung der Würze bezeichnet.

Sudhaus: Mittelpunkt jeder Brauerei. Dort stehen der Maischebottich, der Läuterbottich und die Würzepfanne.

Treber: Als Treber werden die festen Bestandteile der Maische bezeichnet, die beim Abläutern der Würze zurückbleiben. Der Treber ist übrigens kein Abfall. Vor allem in kleineren Gasthausbrauereien wird er oft zum Brotbacken verwendet. Große Brauereien verkaufen den Treber meist an Landwirte, von denen der Braurückstand als wertvolles Viehfutter sehr geschätzt wird. Ansonsten gehört der Treber auf den Kompost oder in die Biotonne.

Vergärungsgrad(e): Maß dafür, welche Menge der vergärbaren Zucker in Alkohol und Kohlensäure umgewandelt wurden. Die Brauer unterscheiden dabei zwischen verschiedenen Stufen und Werten. Nähere Informationen dazu finden Sie im Kapitel „Abfüllen, Nachgären, Lagern".

Verzuckerung: Abbau der im Getreide enthaltenen Stärke zu vergärbaren Zuckern. Dieser Prozeß läuft während des Maischens ab. Verantwortlich dafür sind Enzyme, die bei Temperaturen zwischen 62 und 74 °C arbeiten.

Vorderwürze: Beim Abläutern wird die Maische in den Treber und die (verdünnte) Vorderwürze getrennt. Bei der anschließenden Würzekochung wird dann das überschüssige Wasser wieder ausgedampft.

Wasseraufbereitung: Nicht jedes Wasser ist als Brauwasser geeignet. Vor allem die Wasserhärte hat einen entscheidenden Einfluß auf die Qualität des späteren Bieres und muß gegebenenfalls vorher eingestellt werden.

Wasserhärte: siehe „Härtegrad".

Weichen: Das Quellen der Braugerste vor dem Mälzen wird als Weichen bezeichnet. Durch das zugeführte Wasser wird die Keimung des Getreides eingeleitet.

Würze: Entsteht beim Maischen. Man versteht darunter den flüssigen Teil der Maische mit den in Lösung gegangenen Bestandteilen des Malzes.

Zuckercouleur: Zuckerprodukt zum Färben obergäriger Biere. Wird vor allem bei dunklen Weiß(Weizen)bieren eingesetzt.

Zwickelbier: Unfiltriertes Bier mit einem intensiven und vollmundigen Geschmack. Weil die für die Nachgärung wichtigen Hefezellen in der Flasche bleiben, ist praktisch jedes zu Hause gebraute Bier ein Zwickelbier.

Zymase: Ein für den Beginn der Gärung verantwortliches, hefeeigenes Enzym.

Bezugsquellen für Rohstoffe

Im Vergleich zu Großbritannien oder zu den USA ist der deutschsprachige Raum noch immer Entwicklungsland in Sachen Hobby-Brauerei. Aus diesem Grund ist es nicht immer ganz einfach, sich die notwendigen Geräte und Rohstoffe zu besorgen. Mittlerweile existieren jedoch eine ganze Reihe von Versandhandelsgeschäften, die sich auf Brauutensilien spezialisiert haben. Viele dieser Anbieter führen zudem Brauseminare durch, auf denen sich Neueinsteiger auch ganz unverbindlich über die verschiedenen Ausrüstungsgegenstände informieren können.

Rohstoffe bekommen Sie übrigens auch in vielen der inzwischen doch recht zahlreichen Gasthausbrauereien. Die Braumeister dort gehen ihrem Handwerk in der Regel mit sehr viel Liebe nach und sind deshalb auch gerne bereit, mit dem einen oder anderen Kilo Malz, ein paar Milliliter Hefe oder auch mit einem Ratschlag auszuhelfen. Eine gute Adresse sind auch die kleineren Landbrauereien. Auch dort werden Sie in den allermeisten Fällen auf offene Ohren für Ihr Anliegen stoßen.

Falls Sie Interesse haben, sich auch einmal mit anderen Hobby-Brauern auszutauschen, dann ist der VHD e.V. für Sie die richtige Adresse. Hinter diesem Kürzel verbirgt sich die Vereinigung der Haus- und Hobby-Brauer Deutschland e.V. mit Sitz in Hamburg. Die komplette Anschrift lautet:

VHD e.V.
Karolinenstraße 5
20357 Hamburg
Telefon: 0 40 / 4 30 24 39
Fax: 0 40 / 4 30 24 81

Hobby-Brauer-Fachhandel

Deutschland

Eichler GmbH
Martin-Bihn-Straße 18
63049 Rodgau
Telefon 0 61 06 / 6 16 71
Fax 0 61 06 / 6 16 81

VIERKA,
Friedrich Sauer GmbH & Co.
Postfach 1328
97628 Bad Königshofen
Telefon 0 97 61 / 91 88 - 0

Sabine Dreikorn
Waldenserstraße 9
75446 Wiernsheim-Serres
Telefon 0 70 44 / 92 02 88
Fax 0 70 44 / 92 02 45

Der Hobby-Brauer-Versand
Satkau 1
29459 Clenze
Telefon 0 58 44 / 6 30

Zurück zur Natur
Getränke GmbH
Charlottenstraße 17
13156 Berlin
Telefon 0 30 / 47 61 13 49
Fax 0 30 / 47 61 13 48

Bier-Company
Körtestraße 10
10967 Berlin
Telefon 0 30 / 6 39 27 20
Fax 0 30 / 6 39 27 32

Österreich

LS-Technik
Wehrgasse 6
2563 Pottenstein
Telefon 0 26 72 / 8 24 19 - 0
Fax 0 26 72 / 8 24 19 - 7

HeimBrauService
W. Höglinger
Rheinstraße 11
3423 St. Andrä-Wördern
Fax 0 22 42 / 3 35 51

Schweiz

Bier-Idee – Alles für den Heim-
brauer und Hobby-Brauer
http://www.bieridee.ch

Brauprotokolle und Etiketten-
manager auf Diskette:

Die im Kapitel „Brauprotokolle"
erwähnte 3,5"-Diskette mit den
Brau- und Gärkellerprotokollen
sowie dem Programm zur Herstellung persönlicher Flaschen-
etiketten bekommen Sie bei: M.
Zech, Friedrich-von-Teck-Stra-
ße 3, D-89420 Höchstädt.
Preis: 7,90 DM inkl. Porto. (Bitte
Verrechnungsscheck beilegen).

Literatur

Bier und Hopfen im Bild.
ISBN 3-418-00343-5, Preis 24,– DM (175,– ÖS).

Deutsches Bier – Brauerei Atlas.
ISBN 3-8238-0258-0, Preis 29,80 DM (27,50 SFr, 218,– ÖS).

Friedrich, Ernst: Bier.
ISBN 3-89393-088-4, Preis 39,– DM (37,– SFr, 285,– ÖS).

Gut, Andreas: Geschmack – Aroma – Flavour.
ISBN 3-927527-22-X, Preis 64,– DM (65,– SFr, 420 ÖS).

Heiden, Lothar: Über Biermachen und Biersachen.
ISBN 3-418-00330-3, Preis 12,80 DM (93,– ÖS).

Hlatky, Michael; Reil, Franz: Bierbrauen für jedermann.
ISBN 3-7020-0711-3, Preis 29,90 DM (27,80 SFr, 218,– ÖS).

Hopfen, Malz und Wasser.
ISBN 3-88918-079-5, Preis 24,50 DM (24,50 SFr, 179,– ÖS).

Krause, Udo: Bierbrauen – Das Praxisbuch.
ISBN 3-7787-3640-X, Preis 29,80 DM

Mayer, G.; Rausch, A.; Schulters, J.: Voll verzapft.
ISBN 3-8878-214-3, Preis 24,80 DM (23,– SFr, 185,– ÖS).

Nachel, Marty; Ettlinger, Steve: Bier für Dummies.
ISBN 3-8266-2811-X, Preis 24,80 DM

Rätsch, Christian: Urbock – Bier jenseits von Hopfen und Malz.
ISBN 3-85502-553-3, Preis 48,– DM (48,– SFr, 350,– ÖS).

Seidensticker, Christel: Hopfen und Malz.
ISBN 3-7946-0321-4, Preis 48,– DM (46,– SFr, 350,– ÖS).

Suntrup, Franz: Gepflegtes Bier vom Faß zum Glas.
ISBN 3-418-00703-1, Preis 9,80 DM (72,– ÖS).

Vogel, Wolfgang: Bier aus eigenem Keller.
ISBN 3-8001-6606-2, Preis 42,– DM (39,– SFr, 307,– ÖS).

Spezielle Literatur über Hopfen, Malz und Bier bekommen Sie
beim **Fachbuchverlag und Getränkefachverlag Hans Carl,**
Andernacher Straße 33a, 90411 Nürnberg,
Telefon 09 11 / 9 52 85 - 0, Fax 09 11 / 9 52 85 - 61.

Übrigens: Auch das **Internet** bietet inzwischen eine riesige
Palette an Websites zum Thema Bier. Hier eine kleine Auswahl
interessanter Adressen:

Bier aus Deutschland – Willkommen! http://www.bier.de/

Austrian Beer http://www.bier.at/

Unser Bier http://www.unser-bier.ch/

Bierwitze http://ried.stadt.at/Witze/Bier.htm

Hopfen und Malz –
Ständige Ausstellung im Stadtmuseum Gardelegen
http://www.gardeleg.de/biermuseum.html